WURSTELPRATER

VON FELIX SALTEN

MIT 75 ORIGINALAUFNAHMEN
VON DR. EMIL MAYER

VERLAG FRITZ MOLDEN

WIEN · MÜNCHEN · ZÜRICH

WURSTELPRATER

Durch den hohen Viadukt, über den die Lokomotiven pfeifen, geht man die breite sonnige Straße hinunter zu den Buden. Unaufhörlich wimmelt es von Menschen unter den Säulen des Viaduktes, als sei hier eine Schleuse der großen Stadt geöffnet und wolle alles, was an Faulheit und Fröhlichkeit, an singendem Stumpfsinn und bummelndem Elend drinnen in dem geschäftigen Leben zwischen den hohen Häusern keinen Platz findet, ausströmen in ein riesiges Reservoir. Dort am Rande der Straße, an die Planken gelehnt, auf Prellsteinen sitzend, lungern immer Menschen, den ganzen lieben Tag. Es ist keine frische Luft da, und kein Schatten. Vom Viadukt herab schlägt der Kohlendampf aus den Maschinen, und die Sonne brennt auf den flimmernden Granit der Straße, daß die Pflastersteine rauchen. Aber die Leute rühren sich nicht vom Fleck. Wie Käfer und Asseln aus den Ritzen der Mauern hervorkrabbeln und gleich sitzen bleiben, sobald sie nur in die Sonne kommen, hocken sie ruhig da, an Planke und Mauer gelehnt. Es ist, als ob sie sich nicht entschließen könnten, wie sie so an der Scheidelinie verharren: sollen sie wieder zurück zur Stadt und suchen und suchen, oder sollen sie hinunter, wo die Musik schmettert, die Trommeln wirbeln und die grünen Wiesen sich dehnen bis zu den Ufern der Donau.
An ihnen vorbei flutet die Menge. Die Dienstmädchen schieben ihre Kinderwagen und zu

ihnen gesellen sich die Soldaten; die Müßig-
gänger schlendern, die Dirnen eilen; im langen
Zug wandert der kleine Mann mit Weib und
Kind und Kegel, tänzelt der Kommis, stampft der
Student; zwischendurch schlüpfen die kleinen
Buben, welche die Schule schwänzen, um zu
den Buden zu laufen, und über den Fahrweg
rasseln die Wagen des vornehmen Sonntags, der
vom Montag bis zum Samstag währt.
Allen entgegen dringt der Lärm des Wurstel-
praters; und über dem Gewühl der Menge
schlagen seine Wellen zusammen. Das Schreien
der Ausrufer, gellendes Glockenklingeln, das
Heulen der Werkel, schmetternde Fanfaren, dröh-
nende Paukenschläge. Und ein sonniger Himmel
wölbt sich licht und klar hoch über dem Brausen
und Toben und senkt sich weit hinter den grü-
nenden Bäumen in verschwimmendem Blau hernieder, als sei hier das Land aller Freude
und Seligkeit, und als sei jede Sorge
und jedes Unglück zurückgeblieben,
dort, wo über dem grauen
Häusermeer Dunst und
Nebel in schweren
Wolken lagert.

DER AUSRUFER

»Hier weilt die Muse, die Bewunderung dir entringt! Bitte einzutreten, meine Herrschaften, soeben ist Beginn der Vorstellung. Sie sehen hier
die Königin der Nacht — mit einem ganz kleinen
Flämmchen beleuchtet sie ihre ganze Umgebung,
der Mond ist ihr Begleiter — und auf ihrem
Haupte trägt sie den Abendstern!« Ein schlanker

Bursche ruft das unaufhörlich. Er wird nicht heiser, seine Stimme bleibt hell und rein. Er weiß das mit lebendigen, spannenden Gebärden zu sagen, daß der Mond ihr Begleiter ist, und daß sie auf ihrem Haupte den Abendstern trägt. Er ist so der echte Wiener Taugenichts, der mit der Burgmusik rennt, statt in die Schule zu gehen. Gescheit und keck, aber faul und leichtsinnig, leichtsinnig wie man anderswo nicht sein kann. Wie er so dasteht, stolz auf seinen Lodenhut und auf die nickenden Federn, mit lässigen Gebärden, ein wenig ironisch und dabei liebenswürdig, sieht man ihm an, daß er bei sich denkt: »I brauch nix kenna, i brauch nix lerna, i brauch nix mach'n — und i bin do wer — Gott sei Dank.« Das ist die Raison des jungen Schalanther; der Stolz auf die »blaue Donau«, die Stephansturmbegeisterung und die Lebensanschauung, die er von den Schrammeln gehört hat: »I bin a echter Weana,« »Verkaufts mei G'wand.« Man hört diese Lieder und sie gefallen einem. Man weiß nicht recht warum, und sagt, es wiege sich die Seele der Wiener in ihnen. Bis man eines Tages so einen Menschen trifft, der wirklich nach diesen Liedern l e b t. Nicht wie die anderen, die, wenn Feierabend ist, zum Heurigen gehen und zu den heiteren Lebensregeln »paschen«, nein, einer, der tatsächlich alles befolgt, was diese G'stanzeln anpreisen, er ist stolz: »I bin ja net aus Podiebrad,« und er glaubt fest daran, daß ein Podiebrader, und wenn er ein Genie ist, den letzten Fünfhauser nie erreichen kann; er macht sich keine Sorgen, »Denn der Weana geht net unta!« und das muß wahr sein, weil es alle singen.

Eben ist er mit seinem Spruch fertig: »Auf ihrem
Haupte trägt sie den Abendstern und der Mond ist ihr
Begleiter.« Wie er mich kommen sieht, geht er mir
entgegen: »Aber bitte, treten Sie doch ein. Auf
dem Altare der Kunst muß ein jeder sein Schöhrf-
lein beitragen.« Ich lasse mir alles wiederholen,
was er ausruft, und versuche es in seinem
gespreizten komischen Wienerisch-Hochdeutsch
nachzusagen. Er lächelt, und: »Was ham's davon,«

fängt er plötzlich an, als kenne er mich sehr genau, und hätte mich nur lange nicht gesehen. »I bin schön parterre.« — »Wieso?« »Na,« redet er weiter und kratzt sich den Kopf und tut so erstaunt, als hätte er das eben erst entdeckt, »weit ist es mit mir 'kommen!« »Aber warum denn?« »I war doch im Zirkus,» fährt er ungeduldig heraus, wie wenn ich das wissen müßte. »Kunstreiter war i — dann bin i g'stürzt, und jetzt kann i nimmer reiten. Nachdem hab i, wie i krank war, meine Kostieme vergitscht, und jetzt hab i dös schöne Geschäft da ang'nummen . . . Dös ist a wecher Posten. Sechzig Kreizer per Tag, aneran Sonntag an Gulden fufzig. Davon soll der Mensch essen, trinken, na und ma hat doch Bedürfnisse, man muß auch a Bett hab'n, net . . .?« »Warum bleiben Sie denn da?« »Na wie kann i denn furt? Reiten derf i nimmer, Kostieme hab i kane . . . . . . I spekulier und spekulier scho die ganze Zeit. I hab scho am Stephansturm auffikraxeln woll'n, aber da war'n schon z'viel oben. Da schaut auch nimmermehr was heraus.« Und er lacht vergnügt. »I möcht' halt do wieder in' Zirkus gehn.« — »Wenn Sie aber nicht mehr reiten dürfen?« — »Dös macht ja nix — i geh in'n Löwenkäfig. I war schon amal Löwenbändiger. — I tua alles, i tua alles, i geh' als Tänzer in'n Löwenkäfig, als Bändiger, meinetwegen geh' i a vermummt hinein, wann's a mei Leben kost' — dös macht nix, was liegt mir denn dran — mei Leben hat sowieso kan Wert net.« Er sagt das so einfach, ohne Sentimentalität, so überzeugt, und doch dabei gar nicht traurig.

»Ah was, i wer' schon was ausspekulieren, wann
i nur a Kostiem hätt' — dann wär mir scho
g'holf'n, dann könnt i mir wieder an Existenz
gründen.«
Vielleicht finde ich jemanden, der vom letzten
G'schnasfest irgendein passendes »Kostiem«
übrig hat, dann kann der strebsame
junge Mann sich eine Existenz
damit gründen.

DER MEERESTAUCHER

»Meine Harrschaften, Kassa! Kassa! Soeben ist Anfang und Beginn!« Der Taucher im braunen Gummianzug mit der schimmernden Kupferhaube verschwindet in das Dunkel der Bude. Noch einen Blick wirft der brüllende Ausrufer auf die Leute da draußen, dann geht er, um die Vorstellung zu leiten. Jetzt beginnen auch die zwei Buben an der Pumpe mächtig zu arbeiten, und die Gaffer bleiben noch immer und warten, als müsse etwas ganz Besonderes geschehen durch dieses viele Pumpen.

Drinnen in der Bude stehen ein paar Leute vor einem engen Bottich, der in die Erde eingelassen ist. Sie schauen mit neugierigen und verlegenen Mienen auf das schmutzige Wasser. Sie lächeln nun, da noch jemand hereinkommt, als hätten sie sich geniert, daß der Taucher wirklich ihretwegen in das Wasser gestiegen ist. Der Ausrufer erklärt. Er brüllt gerade so wie draußen. Vielleicht tut er das, damit die anderen, die sich nicht entschließen konnten, auch hören, was hier alles geschieht, »Jetzt wird der Meerestaucher sein schönstes Kunststück zeigen — er wird einen jeden Namen, den was man verlangt, unter'm Wasser auf eine Tafel schreiben«. Er nimmt Tafel und Kreide — »bitte, was für einen Namen soll der Taucher jetzt schreiben . . .?« Niemand antwortet, als ob alle die Sache gerne auch so glaubten, und keiner sich entschließen könnte, dem Mann im Wasser solche Mühe zu bereiten. »Wie heißen Sie?« brüllt der Ausrufer einen

jungen Menschen an. Der ist ungeheuer verlegen.
— »Johann.« — Tafel und Kreide verschwinden
im Wasser. »Schrrreibe den Namen Johann!«
tobt der Ausrufer ins Sprachrohr. Und der
Bursche, von dem auf einmal alle wissen, daß
er Johann heißt, schämt sich, als wäre er jetzt an
allem schuld.
Die Tafel erscheint, richtig steht jetzt Johann
darauf, und der junge Mann lächelt. Der Aus-

rufer reicht die Tafel triumphierend herum, alle lesen, sagen »Johann« und sehen den jungen Menschen an und lächeln.

»Dieses war der Schluß der Vorstellung. Indem der Aufenthalt im Wasser der Gesundheit des Meerestauchers sehr schädlich ist, bitte ich um ein kleines Douceur«. Während die Leute sich entfernen, erscheint der Taucher und steigt aus dem Kübel. Der Ausrufer nimmt ihm den Helm ab. Ein wildes Gesicht, braun und zerrissen von Blatternarben. Von den hohlen Wangen steht der zerraufte Schnurrbart weit ab. Die Augen sind klein und liegen tief hinter buschigen Brauen. Das eine ist blind, es wurde ihm wahrscheinlich bei irgendeiner wüsten Rauferei in einer verborgenen Spelunke ausgeschlagen. Das andere blickt unruhig und zornig. Ich frage ihn, wie es ihm gehe. — »Danke, sehr gut«. Ob denn das Tauchen schwierig sei. Er sieht mich ernst an. »Gewiß, das is nit a so — das muß aner erst lernen — und dann, da gehört Courage dazu«. Ich schaue zum Kübel hin, in dem man schwerlich ertrinken kann: »Courage?«—»Natürlich, Courage«, ereifert er sich, und herausfordernd sagt er: »Da war'n schon viele da, die was hab'n hineinsteigen wollen. Anziag'n hab'n sa sie lass'n. Den Helm aufsetzen a, aber, wie ihnen das Wasser bis zum G'sicht gangen ist, hat no jeder an Angst kriegt«. Ich frage ihn nach seinem Leben, was er früher war. »Deichgräber«, und er hat sich in halb Europa herumgetrieben. »Die Taucherei hab' i g'lernt, i hab' an Kurs in Hamburg g'macht«. Später sagt er, er hätte in Kiel »studiert«. Er lügt also, und hat offenbar in dieser Bude selbst seinen »Kurs gemacht«. «Ja, sie sagen aber, Sie waren Deichgräber?« — Natürli, dös war i immer!« Weil ich nicht annehme, daß sich einer vornimmt, ein Deichgräber zu werden, frage ich, was er eigentlich von Anfang an hat werden wollen. Da sieht er mich ruhig an und antwortet: »Ein Meerestaucher«. Er spricht das Wort feierlich aus, ohne Dialekt, wie einer das schönste Wort sagt, das die Sprache für ihn hat. »I hab' schon immer g'lesen davon, wie in no in d'Schul gangen bin, und hätt' immer Lust g'habt.« Und er tritt vor, und richtet sich auf und stemmt die Arme in die Hüften. Unten stehen die Leute und blicken zu dem riesenhaften Mann hinauf, der aussieht, als käme er aus tausend Abenteuern und Gefahren. Er hat von Korallenbänken geträumt, wie er ein kleiner Junge war und von kostbaren Perlen, von hohen Schiffen, die zu fernen Küsten fahren. Es trieb ihn, hinabzusteigen in die Tiefen der Flut, zu all' den Ungeheuern und Wundern, die der Ozean birgt. Er hat sich nach dem Meere gesehnt, und wollte ein Taucher werden. Und nun steigt er alle Tage in das schmutzige Wasser eines engen Kübels in einer kleinen, finsteren Bude, mit schwerer Rüstung, als gälte es Perlen und Korallen, und schreibt »Johann« auf eine Tafel. Die Burschen an der Pumpe stehen und schauen ihn an. Ihnen ist sein Kübel da drinnen der Ozean, und in das schmutzige Wasser tauchen ihre Träume. Wo man auf dem seichten Boden Holz spaltet, Knoten aus Spagat schlingt, Namen schreibt, sind ihre Wunder der Tiefe — und sie beneiden den Taucher.

OHNE UNTERLEIB

Vor einigen Buden wird sie ohne Entgelt gezeigt,
um das Publikum zu animieren: »Hier, meine
Herrschaften, die Dame ohne Unterleib. Für so
was verlangen wir kein Entrée, das können Sie
bei uns gratis sehen«. Auf einem dünnen Stock
sitzt ihr Rumpf, die Arme fehlen, und so hält sie
still und blinzelt die Leute an. Voll Mitleid bin

ich oft stehen geblieben. Schon recht, ich weiß ja, daß
sie Arme und Beine hat, wie alle anderen, aber welch'
eine Qual, da aushalten zu müssen. Gewiß, sie leidet
keine Schmerzen, ist nicht eingepreßt. Möglicher-
weise steht sie sogar sehr bequem, aber sie muß
ruhig stehen, ganz ruhig — und dieses müssen, das
ruhig sein müssen, denke ich mir ganz unerträglich.
Dann tröstet man sich zwar — sie wird's halt ge-
wöhnt sein — nun gut, das ist ja denkbar.

Aber ohne Arme! Wenn sie nun so dasteht, und es setzt sich ihr eine Fliege ins Gesicht, oder eine Gelse sticht sie; sie kann sie nicht einmal mit der Hand fortscheuchen, da sie doch keine Arme haben darf. Ich habe, wenn ich die Dame ohne Unterleib ansah, immer auf die Fliegen gewartet. Da summt eine, da noch eine. Jetzt setzen sie sich auf den roten Samt, mit dem der Stock umspannt ist, jetzt fliegen sie wieder fort, jetzt kommen sie wieder, immer näher, immer näher, jetzt . . . jetzt müssen sie sich auf ihre Nase setzen . . . es ist kaum zum aushalten. Würde man einmal hören, daß sie in Rußland die Nihilistinnen zu solchen Strafen verurteilen, ganz Europa wäre empört.

Eine besonders habe ich immer bedauert. Sie war stets lustig, machte Witze, sah blühend aus und lachte in einem fort. Als ich gelegentlich wieder zu der Bude kam, war eine andere da. Auch die war heiter, lächelte und schien sich sehr wohl zu befinden, nur war sie noch ein wenig befangen.

Also hat es die Erste doch nicht länger ausgehalten, war es ihr mit der Zeit zu viel . . . oder ist sie krank geworden. Ich wende mich an den Ausrufer. »Wo ist denn die andere Dame ohne Unterleib?« »Die is mit ihr'n Geliebten beim Heurigen... sie hat heut ihr'n Ausgang.«

18

DAPHNE

In einer kleinen Hütte unter den hohen Kastanien-
bäumen und alten Linden, deren Blüten duftend
hernieder fallen, wohnt Daphne zusammen mit
Flora. Auch Fortuna, die Göttin des Glückes,
wohnt hier. Dort sitzen die drei Göttinnen vor
der Tür und schauen ins Weite. Von den Auen
des Praters herüber trägt die Luft das Rauschen

der Bäume. Sie ist frisch vom Frühlingstau der Wiesen. Dort könnte Flora Maienblumen zu bunten Känzen winden, Daphne dort durch Büsche und Sträucher voll Sehnsucht nach den Rüden der Diana suchen, könnte nach Pfeil und Bogen greifen, wenn ein Reh aus seinem Lager vor ihr aufschreckt. Und Fortuna — man wartet in der ganzen Welt schon lange auf sie. Aber aus den Schießbuden nebenan knallen die Kapselgewehre, stöhnt der Watschenmann sein A! A! — Vom Velozipede-Zirkus herüber kreischt das Jauchzen der Dirnen, und aus dem Gasthausgarten, in dem die Leute beim Bier sitzen, rasselt die Blechmusik der böhmischen Kapelle.

Und Flora nimmt eine Guirlande aus Papierblumen zur Hand; wenn man zehn Kreuzer zahlt, stellt sich Fortuna mit ihrem Füllhorn auf eine weiße Kugel, die eigentlich gar keine Kugel ist, sondern aussieht wie ein riesenhaftes Ei des Kolumbus. Daphne ist ein armes Mädel aus der Vorstadt, das kein Talent hat, sie wird in einen Lorbeerbaum verwandelt, aber nicht weil Apollo sie verfolgt, sondern weil das mit zu der Vorstellung gehört, die zehn Kreuzer kostet. Sie braucht nur ruhig dazustehen, der Ausrufer erzählt die Geschichte, daß jedermann sie begreift: »Daphne, eine Nymphe im Jagdgefolge der Göttin Diana, wurde von Abohlo wegen ihrer Schenheit vafolgt. In ihrer Betränknis wendete sie sich an ihren Fatter, den Flußgott. Mit aufgehobenen Aarmen bat sie . . .«. Nun hebt Daphne die Arme empor — und leiert: »Fatter Benëus, hülf mir und verwandle meine Geschdald,

20

in der ich so sehr gefahle«. — Der Ausrufer
fährt fort: »Kaum daas sie diese Bitte ausgesprochen, wurden die erhobenen Arme zu Blätter
und Blüttä, und der Leibb zum Stammä — und
Daphne präsendiert sich als Baum«. Daphne
verschwindet, ein abenteuerliches Gestrüpp wird
sichtbar, das aus einer Marmorsäule zu wachsen
scheint. »Vielleicht gelingt es uns, Daphne wieder
zu sehen — Daphne, zeeige dich, und siehe,

Daphne wird sichtbar. — In der Sage aber heeißt es, daas Abohlo vergebens um die frühere Gestahlt seinerr Geliebten gefleht habe. Da umschlang er die weadende Rinde, und klagte: ,Gannst du nicht meein wead'n als Gadin, so weade meein als Baum' — und seid jeaner Zeit ist der Loabear das Sinnbüld der Unsteablichkeit«. Auch die Loreley kann man sehen. Sie sißt auf einer Holzbank und hält eine Lyra. Der Direktor

tritt herzu und erklärt mir vertraulich: »Das soll
eigentlich Thalia sein, aber damit es die Leut'
verstehen, sag'n wir immer Loreley!« Dann erzählt
er stolz, wie er alles leitet, wie er die Kostüme
schneidern läßt, wie er die Mädchen aus dem
Chor der Vorstadttheater engagiert, wie er
Proben hält und ihre Posen arrangiert, »Ich hab'
mir auch Dekorationen malen lassen, — von
Huber — das ist der beste Maler, den was wir
gegenwärtig in Wien haben — er malt auch die
Schilder von Präuscher —«. Jenseits des Viaduktes,
wo die Praterstraße beginnt, hört eben Wien für
ihn auf. Dort fängt das Wunderbare an, das
große Leben. Dort hat er »Daphne« kennen
gelernt und »Fortuna, die Göttin des Glückes«
und »Thalia«, — aber von der weiß hier unten
niemand etwas, und so mußte er sie Loreley
nennen. Dorthin unternimmt er manchmal Kunst-
reisen mit der Tramway, geht ins Museum und
sucht nach Bildern, die er brauchen kann. Dann
muß der Huber wieder den Hintergrund
malen. Die Daphne muß zur Leda werden,
oder zum Amor, oder zur Bacchantin,
und der Ausrufer fordert die
Leute auf, einzutreten, »wenn
sie Sinn für das Schöne
und Edle haben«.

VATER ZWERG, MUTTER ZWERG

Er trägt über dem wallenden Hemd eine rote
römische Toga, dazu die Frisur und den Bart
eines Zahlkellners, und hat schwer besohlte
Stiefel an. Er ist so klein wie ein Bub' von fünf
Jahren und hat eine Stimme wie der Donner.
Einen Ausrufer braucht er nicht. Er läßt sich auf
ein Postament heben und lacht. Dann beginnt

er zu schreien, in lang gezogenen Tönen posaunt
er, wie ein Gorilla, »To! To! Too! To!« Weithin
hallt es über die Wiesen, übertönt das Rasseln
der Wagen und scheucht die Vögel von den
Bäumen, Er schüttelt lustig den Kopf und
klascht in die Hände: »Alsdann Kassa! Kassa!
Kassa! — Kass'! — Kass'! — Kass'! — Lauter
klane Zwergl! Vat'r Zwerg, Mutt'r Zwerg! Groß-
mutt'r Zwerg! Großvat'r Zwerg! Schwiegermutt'r

Zwerg! Frau Zwerg! Ich Zwerg! Kinder Zwerg! Laut'r klane Zwergl und ssho lipp! ssho possirli!« Er lacht und tanzt, als freue er sich, daß er ein Zwerg ist, daß er nichts gemein hat mit den übrigen Menschen, daß er zu nichts taugt und nichts werden kann. Man könnte ihn aufmerksam machen, daß er aus einem alten Geschlecht stammt, welches einst viele Neider hatte. Man könnte ihm sagen, daß er zu spät auf die Welt gekommen ist, um sein Zwergtum zu genießen. Vor zweihundert Jahren hätt' er Hofnarr werden können, wäre mit Prinzen und Herzögen auf du und du gewesen, und hätte an des Königs Tafel gesessen. Aber wozu ihn unzufrieden machen, da es ja doch nichts nützt? Die Könige haben inzwischen ernstere Dinge zu tun bekommen, sie haben die Harmlosigkeit verloren und mögen die kleinen Narren nicht mehr, die so lustige Glossen machten.

»Kassa! Kassa! Kass'! Kass'! Kass'!« Von diesen Dingen weiß er nichts, — er kennt nur die Buden, wo er gezeigt wird neben zweiköpfigen Kälbern, neben Mißgeburten, wo er den tanzenden Flöhen Konkurrenz macht und der Riesendame. — Die Vorstellung beginnt und rasch trippelt er vor einem her in die Bude. Er läßt sich begucken und befragen, während er zum Podium emporsteigt. Ein paar leere Käfige stehen da. »Was sollen die —?« »Da war früher ein Affen- theater«, sagt er gleich- giltig und schwingt die Glocke.

ASTARTE, DAS WUNDER DER LUFT

Der Ausrufer ist immer furchtbar erregt. Er
schreit und tobt, als könne er sich nicht fassen
von all' dem, was er da drinnen in der Bude
gesehen; als ob er eine wunderbare Entdeckung
gemacht hätte und nun die ganze Welt hinter
den roten Vorhang schleppen müßte, damit sie
erstaunt und bewundert gleich ihm. Das ist der
geborene Marktschreier, der Ausrufer von Talent
und Beruf. Zu Mittag, wenn der Prater leer ist,
wenn alle die Wunder und Raritäten mit schlam-
pigen Kleidern über den Trikots in den kleinen
Wirtshäusern essen und der grelle Sonnenschein
auf dem lichten Kies der Wege liegt, sitzt er
ruhig vor seiner Bude und raucht. Aber sobald
die ersten Spaziergänger kommen, gerät er in
Erregung, und von da an rastet er nicht. Das
sind Menschen, die es noch nicht kennen! Die
es noch nicht gesehen haben! Die noch nichts
wissen von »Astarte, dem Wunder der Luft!!!«
Er bittet und droht, er brüllt, heult, setzt seine
Ehre ein, streitet gegen imaginäre Einwände:
»Aastarte, das Wunder da Luft! Das ist kein
Schwindel! Das ist die schönste Illusion der
Gegenwart! Wer etwas Schönes, etwas Erhabe-
nes, etwas Gediegenes sehen will, trete ein!«
Er fängt sich einzelne aus der Menge heraus und
bearbeitet sie: »Kommen Sie herein — wenn
ich es Ihnen rate, können Sie's tun! So
was muß man schätzen! Wenn Sie heraus-
kommen und nicht sagen, daß sie hingerissen,
begeistert sind, zahl' ich Ihnen zehn Gulden —

nennen Sie mich, was Sie wollen, wenn's Ihnen nicht gefällt.«

In einem engen finstern Raume nimmt man vor einer kleinen Bühne Platz. Eine Stimme, die unendlich gleichgiltig klingt, beginnt zu sprechen: »Ich begriasse die vereahten Heaschaften und ereffne die Haupt- und Gallavorstellung . . .« Auf einem heiseren Pianino, in welchem die gesprungenen Saiten klirren, wird ein Walzer gespielt. Der Vorhang teilt sich und in einer grell beleuchteten Scheibe erscheint Astarte, das Wunder der Luft. Sie steht auf dem Kopf, dann beginnt sie sich zu winden, zu drehen, wie ein Aal, der im runden Fischglas die Wände entlang schwimmt. Sie weiß auf dem drehbaren Tisch, auf dem sie liegt, und von dem aus ihr Spiegelbild auf jene Scheibe reflektiert wird, keine einzige graziöse Pose einzunehmen. Sie könnte heiter sein, könnte lächeln, könnte die Illusion hervorrufen, als hätte sie alle Gesetze der Schwerkraft besiegt und wiege sich nun im leeren Raum, aber sie gestikuliert mit stumpfen Mienen, mit plumpen Geberden —, nicht einmal so viel Talent, um Astarte, das Wunder der Luft zu sein! Nun steht sie gerade und aufrecht. Das Pianino verstummt und die gleichgiltige Stimme redet wieder: »Um die geeahten Heaschafften zu überzeigen, daß die Dame auch wirglich lebbt, weade ich eeinige Frag'n an sie stellen: Mein Fräulein begrießen Sie die Anwäsenden!« Astarte wirft unbehilflich eine Kußhand und sagt leise: »Ich wünsche dem Publikum gutten Appent.« Die

Stimme fährt fort: »Wie geht es Ihnen?« Astarte sieht befangen geradeaus: »Daanke, serr gutt!« — »Wie lange bleiben Sie noch hier?« — »Die gaanze Seisonn.« — Wo gehen Sie dann hin?« — »Nach B—lin.« Die Stimme zum Publikum: »Die Heaschaften haben sich überzeigt, daaß die Daame auch wirglich lebbt.« — »Das ist sehr beruhigend,« antwortet jemand, und während der Vorhang sich schließt, sieht man noch, wie Astarte beleidigt die Lippen verzieht. Es ist auch grausam, dieses arme Geschöpf zu verletzen. — Aus den engen Gassen, von weit draußen, aus irgendeinem schmutzigen Hause am Ende der Stadt mag sie hierher gekommen sein, in den Prater, wo die singenden Menschen, die Musik, die bunten Farben der Kostüme ihre Träume von Pracht erfüllen. Da steht sie nun, und hat Trikots an, ein Leibchen aus rotem Atlas, und ist wie eine große Künstlerin, die man fragt: »Wie lange bleiben Sie noch hier?« Sie weiß nicht einmal, wie es jenseits der Reichsbrücke aussieht, wo das weite Land sich dehnt, und sie darf vor allen Leuten sagen, daß sie »dann« nach »B—lin« geht. Draußen tobt der Ausrufer wieder: »Das ist die
schönste Illusion der Gegenwart! — Astarte, das
Wunder der Luft!«

DER GEBIRGSRIESE

Er heißt der Gebirgsriese, weil er aus Steiermark ist. In einer ganz kleinen Hütte wird er gezeigt, weit unten, wo schon die Wiesen beginnen, und wo es ganz öde ist. Geht jemand vorbei, dann schreit der Ausrufer: »Soeben ist Beginn der Vorstellung!« und er ist erstaunt, wenn man eintritt. »Bitte, Platz nehmen, der Riese wird sogleich erscheinen«, Ein Glockenzeichen, dann kommt ein großer Mann in einem langen roten Rock auf das Podium. Er ist wirklich so groß, daß die Leute auf der Straße sich nach ihm umdrehen würden. »Dieses ist der Gebirgsriese, er ist sechs Schuh drei Zoll hoch, achtundzwanzig Jahre alt, und er war schon in Amerika. Der Gebirgsriese hat sich schon vor den höchsten Herrschaften produziert und wurde auf der Weltausstellung in Chicago mit einigen Medaillen ausgezeichnet. Er besitzt ungeheure Körperkräfte und erhält auch seine Eltern, die was in Steiermark leben«. Man wartet, daß er sich produzieren, daß er seine ungeheuren Körperkräfte zeige, aber der Riese steht ruhig da, mit einem gutmütigen Gesicht, greift schüchtern an seinen blonden Bart und schlägt die Augen nieder . . . . »Jetzt wird der Riese heruntersteigen und beweisen, daß er ganz Natur ist. Indem jeder der Herrschaften ihn berühren kann, bittet er um ein kleines Douceur.« Der Riese kommt herunter, macht ein paar Schritte und bleibt stehen. Man geht ihm freundlich entgegen: »Waren Sie beim Militär?« Er schüttelt den Kopf. . . . »Lang-

weilen Sie sich nicht so den ganzen Tag?« Er
schweigt. »Sie unterstützen Ihre Eltern . . . . ver-
dienen Sie viel?« Er schweigt, nur der Ausrufer
sagt: »Woher denn? bei die jetzigen Zeiten?«
. . . »Waren Sie immer gesund?« . . . . Er
schweigt. . . . . »Sie könnten doch etwas
werden . . . mit Ihrem Wuchs, mit Ihrer Körper-
kraft . . . nicht? . . . . Haben Sie Schulen besucht?« . . . ». . . .« . . . »Portier zum Bei-
spiel, in einem Hotel oder sonst wo, das
wär' doch was für Sie.« Er schweigt
und deutet nur auf die Medaillen
aus Messing an seiner Brust.
Er kann wirklich nichts,
gar nichts, ...
nur ein Riese
sein.

HIER WEILT DIE MUSE

»Hier weilt die Muse, die Bewunderung dir
entringt!« Mit großen Lettern steht es hoch am
First der Bude, und über der Tür liest man die
Worte: »Harmlos, Gefühlvoll, Unbezahlbar.« Eine
ärmliche blasse Frau nimmt zwanzig Kreuzer,
dann darf man hinein zur Muse. Drinnen sind
vor einer weißen Leinwand Stühle aufgestellt —

also Nebelbilder. Ein alter Mann empfängt und ladet zum Sitzen ein. Er trägt den Zylinder immer schief auf dem Kopfe, das braune Sakko und die Weste aufgeknöpft, den Zwicker ganz vorne auf der Nase.

Der Raum wird verdunkelt, nun kommen die Nebelbilder, und der alte Mann erklärt sie. Alle möglichen Genrestücke, Landschaften, Kopien nach berühmten Meistern, Illustrationen aus Reisebeschreibungen läßt er erscheinen. Sein Vater hat die Bilder zu diesem Gebrauche auf Glas angefertigt. Vielleicht wäre er ein großer Künstler geworden, vielleicht ist er es sogar, und man weiß nur nichts davon. Sein Sohn allein bewundert ihn und verehrt seine Bilder, als hätte der achtzigjährige Greis sie selbst erfunden, und säße nicht da unten in der kleinen Bude, um für die Laterna magica zu pinseln. In diesem Sohne, der selbst schon weiße Haare hat, steckt auch ein Stück von einem Künstler. Er ist ein Erzähler, er improvisiert und erfindet Pointen. Zu den Bildern dichtet er lustige Geschichten, glossiert sie, gerät in Begeisterung.

In allen seinen Reden merkt man die Anläufe, die er einmal genommen haben muß, aber man merkt auch, wie er sich fallen ließ, wie er sich mit den Rudimenten begnügte. Man hört unter all den abgegriffenen Scheidemünzen der Rede, mit denen er klappert, manchmal etwas wie das leise Klirren vom Silber des Talentes. Er hat vielleicht einmal ein Weniges davon gehabt und hat es vergeudet, bis ihm knapp so viel übrig blieb, daß er die Bude eröffnen konnte, auf die

er schrieb: »Hier weilt die Muse, die Bewun-
derung dir entringt.«
Zuerst zeigt er »Gänselieschen«. Mit affektierter
Zärtlichkeit spricht er den Namen aus. »Sie hat ein
Buch —, der junge Graf hat ihr's mitgebracht
aus der Stadt, und jetzt liest sie's.« Man ist versucht, ihn nach dem jungen Grafen zu fragen,
der gar nicht auf dem Bilde ist. »Jetzt führe ich
die Anwesenden zu dem Gemälde des Berliner
Malers Gräf . . .,« . . . das »Märchen« erscheint.
. . .»Für dieses Bild hat der Maler sich sechs
Monate müssen einsperren lassen, und er hat
nur — gemalt.« Da haben wir die Pointe. Aber
er geht gleich weiter und setzt voraus, daß alle
die Geschichte kennen. »Auch die Berta Rother
is z'grund gegangen . . .« Einer aus dem Publikum ruft: »Keine Spur!« Aber der Mann streitet:
»Ich hab's gehört — sie ist zugrund gegangen —
man hat sie aus Prag verwiesen . . .« Der im
Publikum ist ruhig, denn er merkt, daß es allen
klar ist, man müsse unbedingt zugrunde gehen,
wenn man aus Prag verwiesen wird. Ein anderes
Bild. »Jetzt kommen wir zu dem Teich, der
was nie zufriert.« — Störche holen kleine Kinder
aus dem Wasser, und der Philosoph bei der
Laterna magica sagt: »Wenn nur keines
vertauscht wird, — ich hab' nämlich wollen Pfarrer
werden.« Ein Seufzer — und rasch ein nächstes
Bild: Orpheus liegt erschlagen in einer Schlucht,
und nun wird, ein wenig summarisch, die
Orpheus-Sage erzählt: »Der da liegt, das ist
Orpheus. — Er hat die schönste Musik gemacht
im Altertum, aber er hat nicht Wort gehalten.

Da ist es ihm einmal passiert, daß ihn der Zeus mit seinen Blitzen erschlagen hat. Wie das Malheur fertig war, ist der Merkur sogleich mit ihr zum Hades hinunter, und der Pluto hat sich schon gefreut auf die schöne Frau!« . . . Daß er Eurydike meint, muß man erraten.

Er zeigt Bilder von Kray, von Schmidt, von Bougereau. — »Der Zug nach dem Hades« von Seligmann erscheint, und er übt Kritik daran, indem er sagt, »in altgriechischer Gedankenfülle«. Aber ein junges Mädchen ruft hinauf: »Ich bitt', Herr Direktor, zeigen's uns die schöne Träumerin.« Sogleich sucht er sie. »Ich weiß nicht wo sie ist,« scherzt er, »vielleicht is sie nur auf's Ringelspiel gelaufen.« Das Mädchen lacht. Das Bild erscheint. Einer jener Frauenköpfe, überlebensgroß, süßlich, mit uuwahrscheinlich vielem blonden Haar, wie man sie als Plakat für Parfüms, Kalodont oder Schokolade verwenden mag. »Ah,« sagen alle, und das Mädchen ist entzückt. »Gott! so schön. — Die großen Augen, der Mund, die Arme, i wüßt kan Fehler an der!« — und mit Überzeugung fügt sie hinzu: »Da kann man wirklich sagen: Die s c h ö n e Träumerin!« Das ist so einfach und löst alle Probleme der Malerei. Der Mann an der Laterna magica weiß, was die Menge verlangt, und das kleine Mädel spricht es aus. »Da kann ma wirklich sagen: Die schöne Ninetta.« Da kann man wirklich sagen: »Die trinkenden Invaliden.« Alle Berühmtheit von Blaas und von Friedländer und wie die übrigen heißen, erklärt die Praterbude mit der »schönen Träumerin«.

DIE WAHRSAGERIN

Früher war ein alter Mann in der Bude, der den Leuten wahrsagte, originell und witzig, ein heiterer Psychologe, der seine Pappenheimer kannte. Wir fragen nach ihm. »O je,« sagt eine alte Frau, »der is scho' vor an Jahr g'sturb'n.« — »Sind Sie seine Frau?« — »Ja, i bin di Wittib, und jetzt tu' i weissagen . . .« — Also schön. Sie geht in einen kleinen Verschlag und läßt sich die Hand hinreichen. Die Sache hat nichts Romantisches an sich, man denkt bei der alten Frau mit der Hornbrille an keine Zigeunerin, an keine dunkeln, unheimlichen Sprüche, viel eher an irgendeine redselige Hausmeisterin oder an jene alten Weiber, die in verborgenen Winkeln sitzen und stricken. Sofort, wie sie die dargereichte Hand ergreift, erkennt man, daß sie nichts von Chiromantik versteht, denn sie deckt mit der ihren alle Linien zu, die ihr etwas sagen könnten. »Sie sind unterr enem glicklichen Stian gebor'n, haben ein heiteres Gemüt, und auch ein guates Herz, natürlich. Sie sind in Gesellschaft seha gean gesehen, besonders die Daamen, ja die Daamen ham Sie halt so viel gern. Sie ham auch Sinn fir das Scheene, fir die Kunst, Sie befassen sich viel mit die ernsthaften Dinge und verstehen auch zu reden. Sie nehmen sich auch kein Blattel vor'n Mund und sagen alles rund heraus, opzwar Ihnen daas schonst geschatet hat, Sie sind leicht bes, uj jegerl, Sie kenen giflig sein, so zurnig, aber glei wieder gut, glei wieder gut. Sie ham auch gute Manieren, die was die Leute gean haben, Ihr Lebben wird ein sehr glickliches sein. Sie werden eine Daame lieben, die was ein reines Hearz hat und ein Engel sein wiard, aber es werden sich Hindernisse ergeben, was sich Ihren Willen und Valangen entgegensetzen, aber Ihre Energie wiard alles besiegen, und die Dame is sehr reich — und eine einflußreiche Peason wiad für Sie sprechen, und Sie weaden mit Ihrer Energie alles besiegen. Sie weaden noch sehr alt werden, dann weaden Sie einen wichtigen Brief erhalten, der Sie sehr aufregen wird und in Erregung versetzen, aber es wiad sich alles aufklären, und dann weaden Sie einmal grang werden, aber wieder gesund . . . . Sie weaden noch mit viele feine Leite vakehren, mit hochgestellte Persönlich-keiten, ja sogar mit Männern der Wissenschaft.« Mit mir tritt noch einer aus der Bude, dem sie fast wörtlich dasselbe prophezeit hat. Er trägt einen vertepschten braunen Hut, keine Krawatte und hat ein Ohrringel. »Ah was,« sagt er zu mir, »dös is an Oberglauben, da is man vüll zu auf-geklärt dazu, als daß m'r si was d'rzäll'n ließet. Wie kan den dö Olde dös all's wiss'n,« und er beschaut forschend seine Handfläche. »Übrigens,« fährt er plötzlich in gezwungenem Hochdeutsch fort, »der Mensch derf sich sein Glick nicht verschweren — wenn der Zufahl will — ich gahn ja auch mit feine Leide schbrechen — der Mensch derf sich kein Glick nicht ver-schweeren.«

DIE GAUKLER

Unter freiem Himmel »arbeiten« sie auf einem kleinem Podium, das mit bunten Lappen und Fahnen zu ärmlicher Feierlichkeit herausgeputzt ist. Sie arbeiten unaufhörlich. Es ist eine Vorstellung, die vom frühen Nachmittag bis zum späten Abend währt. Ist das Programm zu Ende, so fangen sie von vorne wieder an. Sie spielen

nachmittags, wenn die Kinder sich an den Zaun
des kleinen Gasthausgartens drängen, und sie
spielen abends, wenn ein paar Leute an den
Tischen sitzen und ihnen mit müden Augen
zuschauen. Dichtes grünes Laub, in dem die
Vögel zwitschern, beschattet die kleine Bühne.
Unter einem hohen Baume steht ein altes Klavier,
dem der Regen die Politur heruntergewaschen
und dessen rostenden Saiten der Wind und

Staub den Klang raubten. Ein Mann im roten Bajazzokostüm mit weiß gepudertem Gesicht sitzt davor und klimpert, während ein kleines Mädchen am Rücken liegt und auf den Füßen Fässer balanziert. Der Bajazzo hat eine Virginier im Munde; der weiße Puder macht ihn nicht lustiger und er sieht aus, wie ein Bierabträger. Der dumme August steigt zum Podium hinauf und legt das braune Sakko ab, das er über dem

blauen Clownhemd getragen. Er hat ein Gesicht
und Manieren wie ein Speisenträger. Wahrscheinlich war er es auch früher und ist »zu die
Künstler« gegangen, als man ihn eines Tages
davonjagte, weil er das Gollasch verschüttete.
Sie zeigen dasselbe, was in den großen Tingel-
tangeln gezeigt wird, einen Parterreakrobaten,
eine Seiltänzerin, einen Athleten, der mit Stolz
die Arme verschränkt, um seine Muskeln zur

Schau zu stellen, eine Tänzerin mit rosa Trikots
unter flatternden Röckchen, aber es hat einen
falschen Ton. Sie sind keine »fahrenden Leute«,
nicht die Pauvres Saltimbanques, die im grünen
Wohnwagen von Ort zu Ort ziehen, mit dem
Hauch lustiger Abenteuer und dem übermütigen
Lachen Till Eulenspiegels, das die Ehrsamkeit
der Seßhaften verspottet. Sie sind selber ehrsam
und seßhaft, haben keine lustigen Abenteuer und

lachen nicht. Sie gaukeln, tanzen auf dem Seil, stemmen Gewichte, verkleiden sich als Affen, wie man irgendein anderes Geschäft betreibt, abgestumpft und gleichgiltig. Sie haben keine Beziehungen zum Publikum, weder zu den Gästen an den Tischen, noch zu den Kindern, die draußen lachen, Geschäft ist Geschäft. Sie sind ruhige Leute auf einem sicheren Posten, die den Humor verloren haben und das Talent, und

die sich langweilen, wenn sie Possen reißen.
Nur das kleine Mädchen, das die Fässer balanziert, lacht noch, wenn der dumme August sich
hinlegt, dasselbe versucht und mit den Füßen
zappelt. Sie ist noch stolz darauf, daß sie
balanzieren kann und der dumme, dumme
August nicht!
Vielleicht wird das nette kleine Mädchen noch
einmal Karriere machen. Vielleicht nimmt sich

einer von den wirklichen Artisten seiner an und
gibt ihm eine ordentliche Dressur, lehrt es ver-
schiedene wirkliche Tricks, weiht es in wirkliche
Künste ein. Dann darf das kleine Mädchen in
nächtlichen Tingeltangels auftreten und erlebt
einen Glanz, einen Ruhm, der über den Wurstelprater hinausreicht. Bis nach Przemysl zum Bei-
spiel, oder bis in ferne, rumänische Provinzstädte.
Bis Port Saïd sogar.

Denn hier, im Wurstelprater hat schon manche
Varietékarriere begonnen. Warum auch nicht?
Eine richtige Karriere kann anfangen, wo sie nur
will, das ist einerlei. Hier ist eben Provinzbühne.
Und die jungen, frischen Talente finden schon
ihren Weg. Vorausgesetzt, daß sie wirklich jung,
frisch und wirklich Talente sind. Dann blüht ihnen
eine goldene Zukunft; ein napoleonischer Auf-
stieg winkt ihnen. Sie kommen aus dem Wurstel-

prater bis zum Ronacher. Das ist eine ebenso
steile Erfolgslinie, wie wenn eine Sängerin aus
Krems an die Große Oper käme.
Aber noch mehr Karrieren endigen hier. Und
wenn eine Karriere einmal traurig enden muß,
dann ist es schon egal, wo das geschieht. Warum also nicht im Wurstelprater? Der Artist, der
Pech gehabt hat, der leichtsinnig war, der keine
Ersparnisse besitzt, muß den Weg vom Ronacher

zum Wurstelprater zurück finden, wenn die Jugend, die körperliche Geschmeidigkeit und die Kostüme verbraucht sind. Aber es ist ein weiter, ein sehr weiter und ein trauriger Weg vom Ronacher bis zum Wurstelprater. Gewöhnliche Menschen legen ihn binnen einer halben Stunde zurück. Solche Artisten aber brauchen Jahre. Und sie müssen über ferne Gegenden, über Rumänien, über galizische Nester, über kleine Matrosenkneipen

in den Hafenstädten des Mittelmeeres, Port Saïd,
Jaffa . . . bis sie eines Tages wieder am Praterstern anlangen.

Und hier unten werden sie noch bewundert. Hier
ist noch ein letzter armseliger Rest von Erfolg,
an dem sie sich laben können. Hier steht vor
den Lattenzäunen eine begierige, anspruchslose
Zuschauermenge. Schuljungen, Lehrbuben, Schul-
mädeln, allerlei Halbwuchs, unbemerkt und

müßiggängerisch. Freilich: zahlen kann dieses
Publikum nicht. Will es auch nicht. Aber Ver-
ehrung bringt es mit, Respekt und Eifer. Diese
Burschen und Mädeln sind nur das, was man
in den Theatern die begeisterte Galeriejugend
nennt. Wie die Jugend in der Stadt für ihre großen
Schauspieler schwärmt, so schwärmt diese Jugend
im Wurstelprater hier für ihre Akrobaten,
Schlangenmenschen, Clowns und Athleten; hat

ihre Lieblinge unter ihnen, und ihre Abgötter. Wie unter den jungen Menschen in der Stadt so viele von der Sehnsucht nach dem Theater ergriffen werden, so werden diese hier von der Lust nach dem Gauklerberuf gepackt. Und wie sie in der Stadt drin, zu Hause, nach dem Theater deklamieren, ihre Lieblinge kopieren, so treiben sie's hier. Auf den Wiesen und Rasenplätzen kann man ihnen zuschauen. Da werden die Purzelbäume und Räder der Akrobaten geübt, die Ohrfeigen der Clowns werden probiert, die Ringkämpfe nachgeahmt. Es ist die Begeisterung der Wurstelpraterjugend. Ihr Kunstsinn. Ihre ideale Berufswahl.

DIE KRAFTMASCHINE

Sie ist sehr alt, und vielen ist seitdem der Atem
ausgegangen, die in all den Jahren ihre über-
mütige Kraft an ihr versuchten. Ein hoch auf-
ragender Mast mit vielen Ziffern und Strichen,
wie ein riesiges Thermometer. Wenn man mit der
schweren Holzkeule auf den Pflock schlägt, springt
ein Eisenstift in der Rinne den Mast hinauf, so

hoch man ihn eben zu treiben vermag. Den Vor-
übergehenden kommt der Ausrufer höflich entgegen und beginnt diskret seine Einladung zu
deklamieren. Er sagt immer dasselbe, und er
preßt die Worte aus seiner Brust, als müsse er
in sich tobende Kräfte bändigen, damit ihm die
Wucht seiner Rede nicht die Kiefer sprenge:
»Mmeene Hearn! Hhier is zu seh'n die bbbreiß-
gegrennte Hhiakuleßgrafftmaschine (tiefer und
eindringlich, das »Sch« sehr weich): Einne Maschine, (langsam und feierlich) bei dea jedarr Hear
seine Kiapa- oder Muschkelgrafft (rasch) bemess'n
kann. (Sehr gedehnt.) Waaas (sehr rasch) man hept!
(ebenso) waaas — man stemmt, (ebenso) waaas —
man taucht und was man schläckt (schreiend)!
Drrrei Grreizza! (verächtlich, hochdeutsch) ene
Paakatelle für daas, waas gebott'n würd.«
Bei Tage hat der Mann wenig Erfolg. Aber des
Nachts, wenn der Wein die Gemüter erhitzt hat,
und die Burschen vom Trunk und Tanz, von der
Musik und den Weibern mit glühendem Schädel
aus den Wirtshäusern gehen, dann saust der
Hammer unaufhörlich nieder auf den Pflock. Und
wer weiß, wie mancher, dem sich die Fäuste
ballten, und dem es in den Armen zuckte, nur
weil es Nacht war und er getrunken hatte, kühlte
sein heißes Blut an der Kraftmaschine und ent-
ging so einem blauen Auge, am Ende gar dem
Arrest. Man sollte draußen in der Vorstadt,
wo zu später Nacht so oft der Schrei »Jesus,
i bin g'stochen!« ertönt, solche Kraftmaschinen
vor den Schänken errichten. »Drrei Grrreizza —
ene Packatelle für daas, waas geboten würd.»

DER STRIZZI

Beim Mann vor der Kraftmaschine. Ein Bursche
hat bei der Maschine »a paarmal hing'haut,« und
wollte ihm dann nicht zahlen. Seine Frau zerrt
ihn zurück, und er geht wieder hinter den kleinen
Zaun. Aber der Bursch' folgt ihm. »Sö! Sö ham
mi an Fallot'n g'hassen, Sö, woll'n Sö murn?
Wer is Ihna Fallot? Sag'n 's dös no amol?«

Der Mann ergreift die Holzkeule, erwidert nichts, — der Bursch sagt noch ein paarmal: »Sö haun nöt her, Sö haun net her!« Leute sind stehen geblieben, der Bursch' schaut sich um, dann geht er plötzlich auf ein Mädel los, das in der Ferne steht, und gibt ihr eine mächtige Ohrfeige. Man springt dazu, will ihn fassen, aber das Mädel schreit: »Laßts'n aus, dös is mei Alter.« — Man läßt ihn los, und er geht ruhig mit ihr weiter. Nach ein paar Schritten brüllt er einen Soldaten an: »Na, was schaust' denn?« — »Wer red't denn mit Ihne,« sagt dieser ein wenig paff. »Puß'ns Ihna,« schreit der Strizzi, drohend, verächtlich und überlegen zugleich: »Putz'ns Ihna, Sö Bem, Sö g'scheerter.« Jetzt wird der Soldat wütend: »Sie — e! Sie dirfens mi kane Bem sag,n — i dien bei Milidär.« »Na, und i wer' diena,« höhnt der andere. Aber der Soldat wird von einem Paroxysmus befallen: »Sie dirfens mi kane Bem sag'n!« Klatsch, klatsch — die beiden ohrfeigen, stoßen, schlagen sich, wirbeln ein paarmal umher und liegen am Boden. »Da schaun's, was ma tan ham,« sagte der Strizzi einfach und steht auf — »und Sie mir vielleicht nit?« antwortet der Soldat. Er ist ebenfalls ruhig geworden. »Was raffen denn Sie mit mir?« erkundigt sich der Strizzi sehr harmlos. — »I hab nit ang'fangt, Sie ham mi Bem g'heißen, und i vertrag all's, aber wenn mi ane Bem sagt . . .« — »Geh', bist a fader Kerl!« — »Bist aa fade Kedl,« — Der Strizzi geht mit dem Mädel weiter, das alles still mit angesehen hat.

Spät nachts komme ich zu den Volkssängern,
die tief unten im Wurstelprater in einem kleinen
Gasthaus singen. Das Mädel sitzt da, aber ein
anderer ist mit ihr. Ein junger Mensch, ganz nett
angezogen, der ihr galante Dinge sagt. Sie ist
gerade mit dem Essen fertig und späht nach der
Tür. Er merkt natürlich nichts. Auf einmal kommt
der Strizzi herein. Nun erwarte ich, daß er sich
sofort auf seine Geliebte und auf seinen Neben-

buhler stürze; aber er setzt sich manierlich an
einen benachbarten Tisch, nur einen Blick tauscht
er mit ihr aus, sonst tut er, als ob er sie nicht
kennen würde. Ein paar Minuten vergehen. Auf
einmal nimmt das Mädel ein Bierglas und gießt
es über ihren neuen Freund aus. Wütend springt
dieser empor: »Du dumme Gans, du blödes
Ding — kannst nicht achtgeben — du — du —!«
Aber der Strizzi springt auf: »Hörst, — dees

Madel schimpf' net!« — »Muß i ma dös g'fall'n lassen?« schreit der andere, von dessen Kleidern das Bier tropft. — Das Mädel geht sofort weg. Aber die zwei geraten immer mehr in Streit, bis der Kellner kommt und sie trennt. Nach einer Weile zahlt der Begossene. »Raubasbua!« ruft er noch, dann verläßt er das Lokal. Der Strizzi ihm nach. Ich folge sogleich, aber noch habe ich die Tür nicht hinter mir geschlossen, da liegt der unglückliche Liebhaber auf der Erde, der Strizzi liegt auf ihm und ohrfeigt ihn nach Noten. So führt er seine Geliebte »Nachtmahlen.«
Die Buden schließen schon, die Laternen verlöschen. Da, ein wüstes Geschrei. Der Strizzi lärmt vor der »Daphne«. »Oes Schwindler, Oes Gauner, Oes stehlt's der Welt das Geld aus'n Sack — i schmeiß den ganzen Krempel um...!« Der müde Ausrufer weist ihn fort, aber er beschimpft ihn, sein Mädel will ihn beruhigen, er stößt mit den Füßen nach ihr. Eine tolle Wut hat sich seiner bemächtigt; man sieht, wie er sich wichtig vorkommt, wie er sich großartig erscheint in seinem Zorn, und er weicht richtig nicht von der Stelle bis die Rauferei fertig ist. Ein Wachmann eilt herzu und wirft sich dazwischen. Aber der Strizzi läßt nicht nach: »Ich muaß hinhaun!« brüllt er. »Nur net geg'n mi aufreib'n!« warnt der Wachmann. — »Naa, ab'r Sö wissen, mir fircht'n uns vor kane Schläg net, mir net — Sakrament!« heult er plötzlich und schmettert seinen Hut zu Boden. — »Wann i a mal in'n Prater geh', wer' i mi do no untaholt'n derf'n.«

DIE »ARME MUSIK«

Gleich am Eingang in den Wurstelprater steht
das kleine Gasthaus mit dem engen Garten, den
zwei Fußwege schmalgedrückt haben. Die Leute,
die zu den Buden hinunterströmen, sind noch
nicht hungrig, noch nicht durstig und noch nicht
müde; deshalb ist das kleine Gasthaus immer
leer. Unendlich traurig sieht dieser öde Garten

aus. Als ob alles für eine Fröhlichkeit hergerichtet
worden wäre, die dann nicht gekommen ist.
Die Tischtücher sind aufgelegt, die Stühle stehen
und warten, die Laternen brennen; es ist Abend
geworden und niemand tritt ein, niemand kommt.
Aber die Musikanten spielen. Auf einem kleinen
Podium unter einem niederen Dache spielen sie,
machen Pausen, spielen wieder, als ob es wirklich ein Konzert wäre. Sie spielen Wiener Lieder,

längst vergessene Gassenhauer, und keiner kann
sich mehr erinnern, daß sie jemals lustig gewesen wären. Sie spielen alte Opern, die man
einmal unsterblich genannt hat, und diese trau-
rigen Rezitative, diese verblaßten Melodien, die
man oben in der Stadt nicht mehr singt, die das
schmetternde Orchester des Praters nicht mehr
mag, sie scheinen hier auf der wimmernden Geige
und der seufzenden Flöte zu verscheiden — ganz
leise und schüchtern, als wüßten sie es, daß sie
nicht mehr laut werden dürfen unter all dem Neuen.
Ringsumher lärmt der junge Prater. Ungestüm
dringen die Klänge des Orchestrions von Präuscher herüber, die Trompeten der Militärkapellen
schmettern herein in den kleinen Garten, und die
dröhnenden Trommelschläge vor den Buden, die
gellende Glocke von der Rutschbahn, das Sausen
der Maschinen, als sollte das kleine Gasthaus
mit den leeren Tischen zerdrückt und verdrängt
werden. Vom »Eisvogel« herüber klappern die
Teller, klirren die Gläser, tönt das Lachen und
Rufen der Gäste — hier ist es ganz stille. Vielleicht war es auch hier einmal laut und lärmend,
vielleicht saßen auch hier einmal viele, viele
Menschen und applaudierten zur Musik. Aber das
ist wohl schon lange her, und die Leute müssen
alle schon gestorben sein. Die Musikanten wissen
es selbst nicht mehr, ob es früher so war, doch sie
spielen weiter, spielen den Tischen und Stühlen
ihre leisen, alten Lieder. Dann flammen überall die
elektrischen Lichter auf, und vor ihrem Glanze
versinkt, wie alle Zeiten versinken, in Nacht und
    Schatten der kleine sterbende Garten . . .

PANOPTIKUM

Die Leute, die sich gerne in die Nähe der
Berühmtheiten drängen, die schon zeitlich morgens
aufstehen und zum Bahnhof laufen, wenn der
deutsche Kaiser nach Wien kommt, alle, welche
große Männer um Photographie und Autogramm
anbetteln, dann jene, die den Gerichtssaal und
die Berichte über den neuesten Raubmord voll

Begierde verschlingen, und noch die vielen anderen, die mit stumpfen Organen die Kunst begaffen und betasten, müssen gerne hierher gehen.

Denn es ist gerade im Panoptikum alles, was die Menge braucht. Jenes widerwärtige Gemisch, das als Surrogat des echten Lebens von allen genossen wird, und das alle verblödet. Die großen Männer in ihren Hausröcken oder in typischer Gala; die blutigen Verbrecher, ihre Einrichtung, ihre Mordwerkzeuge, ihre Schuhe, ihre Wäsche — alles mit der Genauigkeit sensationeller Zeitungsartikel — und eine ordinäre Kunst, deren bunte Lappen jeder greifen kann. Da stehen Goethe und Schiller in staubigen Röcken, Voltaire mit schmutzigem Jabot, Richard Wagner in hellen Beinkleidern, die auf der Mariahilferstraße gekauft wurden, Moltke und Bismarck in voller Uniform, blitzende Blechorden auf der mit Sägespänen gefüllten Brust, Prinz Eugen, Andreas Hofer und Radetzky — und die Leute stellen sich vor ihnen auf, schauen ihnen ins Gesicht; sie können sich einbilden, es sei ein bedeutender Moment, und sie ständen jetzt diesem oder jenem Helden gegenüber. Dort wieder ist Hugo Schenk, Schlossarek, das Ehepaar Schneider, Francesconi, in Wachs modellierte Fünfkreuzer-Romane.

Dann sieht man gestellte Bilder nach Munkacsy, und an den Wachspuppen merkt man erst, wie opernhaft gruppiert diese Bilder sind, wie unmoralisch sie sind, daß man sie aus den Rahmen nehmen und ausstopfen könnte. Invaliden von

Friedländer, die aussehen, als säßen sie Modell, feiste Mönche von Grützner, »dralle« Diarndln von Schmidt, zuckersüße Nymphen von Thumann. Auch der herrliche »Frauenraub« von Fremiet ist da, aber der steinerne Gorilla hat hier ein wirkliches Fell, er bewegt das Maul, und das Weib, das er hält, hat einen Körper wie Rosa-Seife. Den »Verurteilten«, die Invaliden, die Mönche, die Diarndln und die Nymphen mag man dem Panoptikum lassen, den Fremiet sollte man konfiszieren.

Das Licht des verdämmernden Nachmittags fällt in den weiten Raum auf all die Figuren, die mit starren, toten Geberden dastehen in verschlissener, schäbig gewordener Pracht. Es ist, als wären schon hundert Jahre vorbei, und alles, was die Welt bewegte, stände hier wie mor-sches Gerümpel in einer Scheuer beisammen — Bismarck und Moltke und Richard Wagner und Munkacsy und Hugo Schenk.

RINGELSPIEL

»Das Leben ist ein Ringelspiel, da wird oft
manchem bang,
Dem einen ist zu kurz die Tour, dem anderen
zu lang.«
Dieser Spruch steht in einem der Karussells, aus
denen noch manche andere Weisheit zu holen
ist. Es gibt prächtige Galakarossen, prunkvoll

gezäumte Pferde, gesattelte Elefanten, Eisenbahn-
waggons, venezianische Gondeln, hohe schwan-
kende Schiffe. Das Werkel beginnt zu spielen,
das Ringelspiel dreht sich, und ein junges Mädchen im lichten Waschkleid lehnt sich vornehm
in die Equipage zurück, hält den Schirm lässig
in der Hand, als rassle sie im eleganten Fiaker
über die Ringstraße; der junge Mann dort mit
dem Girardihut und der auffallenden Krawatte

sitzt aufrecht auf dem hölzernen Schimmel, hält achtsam den Zügel und markiert den englischen Trab. Wenn das Karussell sich schneller dreht, tippt er mit dem Stock, wie mit einer Reitgerte, dem Pferd in die Flanken, als wolle er es zu größerer Eile antreiben.

»Hat das Pferd dich überwunden,
So ist es oben und du unten.«

Die Glocke läutet, wie auf dem Perron, ein Pfiff,

und die kleine Lokomotive klappert in die Runde mit einem Lärm, als fahre der Kurierzug über die Eisenbahnbrücke. Die Leute lachen, winken mit den Tüchern — der Ausrufer aber schreit: »Einsteigen, einsteigen, soeben geht der Zug nach München, Frankfurt, Paris, einsteigen nach Paris!«

In der Gondel sitzen die Burschen, die unten am Donaukanal mit neidischen Augen die Skuller des Ruderklubs verfolgen, und im hohen, auf- und abschwankenden Schiffe machen die Leute ernste Gesichter und schauen zu den Masten und Raaen hinauf, als brandeten die Meereswellen um die Planken und könnten jeden Moment über das Verdeck spülen.

Nur ein Karussell bleibt leer. Das ist jenes mit den Tramwaywagen. Da hinein geht fast niemand. Selten setzt sich jemand auf die platten Holz-bänke, wenige werden angelockt von den kleinen Waggons, auf denen »Dornbach—Meidling, Schön-brunn—Praterstern« steht. Wenn der Besitzer
sich's nicht erklären kann, warum niemand
mit der Tramway fährt, so soll er zu
den anderen gehen, zu den Equi-
pagen und Pferden, zum Eilzug
nach Paris, zu den Gondeln,
und dann muß ihm alles
klar werden.

»SCHIESSEN ANGENEHM«

Wenn die Aristokraten sich »eine Hetz« machen
wollen, spielen sie Volk und kommen in den
Wurstelprater, fahren im Ringelspiel, lachen in
den Buden vor der Daphne und vor Astarte,
dem Wunder der Luft, gehen zu den Schieß-
hütten und versuchen Gewehre.
Aber das gehört nicht für sie. Ihnen ist es ge-

gönnt, draußen in ihren Wäldern zu jagen, auf die Pürsch zu gehen, »wann der Auerhahn balzt,« und nach Bären zu schießen. Hierher kommen die anderen, die nur auf Bildern eine Jagd ge- sehen, die vom »edlen Waidwerk« nur lesen, die nur träumen können von »Hochwild« und von »Beute«, von »Waidmannsheil« und »Halali«. Diese Buden sind ihr Revier. Da nehmen sie das Gewehr zur Hand und zielen nach Hirschen aus Pappendeckel, nach Adlern aus Blech, nach Bären aus Holz, sind Jäger für kurze Minuten, haben Glück oder Pech und freuen sich, daß sie es auch könnten, wenn's ihnen nur be- schieden wäre. Sie sind stolz auf ihre Talente und lächeln versöhnt über die Glücklichen, die draußen im Forst mit Pulver und Blei nach Fleisch und Blut knallen dürfen.

Ich habe einen Burschen beobachtet, der Tag um Tag zu einer Bude kam, um den Adler zu schießen. Er war in seinem ganzen Leben nicht auf der Jagd gewesen. Aber er trug einen grünen Rock, einen Jägerhut mit Spielhahnfedern. Später kam er mit einem kurzen Hirschfänger herunter zu dem Adler aus Blech, doch er verbarg das Waidmesser, mit dem er wohl gerne spielt, denn er schämte sich. Seine Augen leuchteten, wenn er die Flinte zur Hand nahm. Er hat den Adler nie getroffen, und kam immer wieder, im grünen Rock, mit Lodenhut und Feder.

Diesen Leuten gehören die Buden.

70

FÜNF-KREUZERTANZ

Für alle die Einfachen und Niedrigen, die aus
den bunten Provinzen des Reiches in Wien zusammen strömen, für alle die Jugend, die aus
Dörfern und kleinen Städten in die Großstadt
zieht, um da zu arbeiten, zu dienen, zu darben
und sich zu schinden, ist hier ein Trost. Junge
Mädchen, die in den Wohnungen der Bürgers-

leute am fremden Herd stehen, junge Bursche, die in den Kasernen exerzieren, eine ganze junge Menschheit, die in der ungeheuren Stadt kein Zuhause hat, die im Wirbel dieses brausenden Lebens verlaufen und einsam ist, findet hier, im rauchig-dunstigen Saal ein Stückchen Heimat.

Musik, die bescheidene Tanzmusik der armen Leute, die anspruchslose M-ta-ta-M-ta-ta-Musik

gibt hier Illusionen und verwandelt die Szene.
Sie spielt einen Ländler, eine kleine fröhlich sich
schmiegende Melodie, eine Melodie, die sich
wie ein Kind rund um sich selbst im Kreis dreht.
Wieder absetzt, und sich wieder rund um sich
selbst weiter dreht, vergnügt, zufrieden, und mit
einer langsam aus dem ewigen Gleichmaß sich
steigernden Kraft. Da stampft der Boden von den
Tritten harter Bauernstiefel, ein Juchschrei steigt

da und dort aus der Menge, als wolle ein junges
Männerherz die heimatlichen Berge grüßen. Und
jetzt ist hier Steiermark, Salzburg, Tirol, irgend
ein Alpenland, daß seine Kinder umfängt.
Die Musik spielt eine Kreuzpolka, eine in kurzen
Rhythmen daher hopsende Weise, eine mit
hastigen Atemstößen ins Blech schmetternde
Melodie, ein Übermut, der spöttisch und melan-
cholisch zugleich ist, und tiefer gefärbt, von einer

heißeren Sinnlichkeit. Jetzt drehen sich mit steifen
Rücken und kurzen Leibchen die Gestalten, die
Uprka so wundervoll gemalt hat. Jetzt ist hier
Böhmen, ist hier das sonnige Hügelland von
Mähren und die üppig prangende Ebene der
Hanna.
Einen Czárdás stimmt das Orchester an, und jetzt
ist hier Ungarn. Das wechselt und wühlt durch-
einander. Das verträgt sich und gönnt einander

die fünf Minuten Heimatszauber. Hier lehnt sich keiner gegen das Lied des andern auf, und jeder kennt hier, ohne daß es ausgesprochen werden müßte, ohne daß es diesen einfachen Gemütern jemals einfiele, dergleichen zu denken oder es auszusprechen, die heimatlose Verlaufenheit, die Sehnsucht nach Hause, nach der Wurzelscholle, kennt sie an sich und an anderen. Und ob nun die Musik einen Walzer spielt, einen Ländler, eine Kreuzpolka oder einen Czárdás, allen diesen Menschen hier ist eines gemeinsam: daß sie fremd sind in dieser riesigen Stadt, von deren Arbeitsmühlen sie verschlungen, in ihrem Wesen entfärbt, zerrieben und verbraucht werden. Da ist in ihnen allen das Verlangen, Gesichter zu sehen, die ihnen irgendwie von Kindheit an vertraut sind, die sie an Kindertage, an Vaterhaus und Heimatdorf irgendwie erinnern. Da ist in ihnen das Verlangen, Worte zu hören, die aus den kargen Kinderjahren noch in ihnen nachklingen. Muttersprache. Und in ihrer Jugend ist das Verlangen, die Arme auszubreiten nach einem Genossen, nach einem Gefährten dieser Jugend, das Verlangen, von starken Armen umschlungen und angefaßt zu werden.
Einfach, wie nirgendwo anders sonst, enthüllen sich hier die einfachen menschlichen Triebe. Die Lust des Weibes am Manne. Die Lust des Mannes am Weibe. Von ihrer aufrichtigen Kraft ist die Athmosphäre dieses Saales ganz erfüllt. In der Musik hat diese Lust ihre Stimme bekommen, erhebt ihren Ruf und lockt zu Paaren, was für die Stunden eines Abends, für die Freuden einer

Nacht zusammengehört. Unschuld gibt es hier nicht, wenigstens nicht in unserem Sinne, nicht im gesellschaftlichen Sittlichkeitsbegriff. Aber diese jungen Mädchen aus dem Volk, deren Wangen noch frisch und leuchtend sind von der frischen Luft ihrer heimatlichen Felder, deren Arme an der Außenseite noch braun gebrannt sind von der Sonne, in deren Licht sie gearbeitet haben, diese jungen Mädchen mit dem straffen

Gang und der biegsamen Haltung ihrer frischen,
gesunden Leiber, mit den sanften, neugierigen
und wie unter Liebesträumen berauschten Augen,
haben die Unschuld und Sündlosigkeit der Natur.
Eine prachtvolle Hingegebenheit ist in ihrem
Tanze. Sie verrichten ihn wie ihre Arbeit, gleichmäßig, ausdauernd, unermüdlich, und von dem
gleichmäßig drehenden Rhythmus nach und nach
betäubt. Eine merkwürdige, beinahe andächtige

Nachdenklichkeit ist in ihren Mienen, wenn sie
an die Brust ihres Tänzers geschmiegt vorüber
gleiten. In ihrer Umarmung ist Erwarten und
zugleich ein Vorherwissen. Und manche von
ihnen hat jetzt schon in ihrem Antlitz einen
Schimmer jenes sanften Duldens, jener stillen
Ergebenheit, womit die Frauen so oft in langen
Schmerzen das kurze Glück ihrer Frühlingstage
büßen.

Man kann Jahre lang, Jahrzehnte lang in solch einen Saal nicht hineingeschaut haben; wenn man dann aber von ungefähr wieder einmal beim »Fünfkreuzertanz« vorbeikommt, und hinzutritt, ist es dieselbe Jugend, die sich hier dreht. Dieselben Gesichter scheinen es zu sein, die sich einander nun zuneigen. Dieselben Bursche, im Soldatenrock, fesch, kraftvoll, wütend in ihrer triebhaften Freude, wie junge Stiere. Dieselben

Bursche, im Sonntagskleid der Handwerker und Fabriksarbeiter, aber von der dumpfen Enge ihrer Werkstätten, vom Alkohol und von der Verruchtheit der Großstadt schon in ihrem Wesen und in ihren Mienen entfärbt. Es scheinen immer noch dieselben Mädchen zu sein, aus allen Gegenden der Monarchie zusammengetrieben, jung aufgeblüht, bereit, sich darzubringen. Und die anderen, von denen ein paar Jahre in Wien schon alle Blüte abgestreift haben, die nun statt ihrer neuen, farbigen Kopftücher Damenhüte von unwahrscheinlicher Eleganz und märchenhafter Verschollenheit tragen, in ihrer Art schon hoffnungslos verfälscht und in der Offenherzigkeit ihrer frühen Instinkte schon von Laster und Lüge angehaucht sind. Über alle aber schlägt in blechernen Weisen schmetternd die Musik zusammen, und es scheint auch dieselbe Musik von einst noch zu sein. Der ganze Saal dampft von Jugend, Begierde, Rausch und Taumel. Und es ist wie ein unabänderliches Gesetz, wie ein Ewigkeitsrhythmus in diesen immer gleichen Menschen, in dieser immer gleichen Musik, die den Armen, Heimatsfremden und Sehnsüchtigen auf diesen Brettern hier einen Traum von Glück, Heimat und Liebe gibt. Unzählige werden in der Stadt drinnen niedergetreten, zerstampft, vernichtet, verschwinden spurlos, und niemand weiß von ihnen. Aber unaufhörlich erneuert sich die Jugend, unaufhörlich tritt sie in erneuter Kraft und Ahnungslosigkeit zum Tanze an, schwingt sich immer wieder im gleichen Takte. M-tata, Mmtata, M-tata, Bum!

GENÜSSE DES LEBENS

Kinder haben einen prachtvollen Sinn, das Erreichbare auszuspüren. Besonders aber die Kinder
der kleinen Leute. Die kennen schon durch frühes
Erfahren, durch frühes Entbehren all das Schöne,
davon sie ausgeschlossen sind, wissen schon,
daß es Dinge gibt, nach denen sie niemals die
Hand strecken dürfen, und in ihrer herrlichen

Kinderart, praktisch zu sein, schauen sie nicht einmal hin, mühen sich nicht einmal ab, ihre Wünsche in solche Gegenden zu schicken. Rührend ist es, wie solche Kinder, wie Kinder überhaupt darauf bedacht sind, sich vor Enttäuschungen zu bewahren. Eine gewährte Bitte: für Kinder ist sie ein Fest. Eine verweigerte Bitte: für das Kindergemüt, das so ganz und gar auf Festlichkeit gestellt ist, bedeutet sie einen Kummer. Wie viel feinen Takt haben die Kinder, solch eine Weigerung zu vermeiden, wie viel Takt, keine Bitte zu stellen, die ihnen abgeschlagen werden muß. Nur in unbewachten Augenblicken, nur wenn sie einmal von der Plötzlichkeit eines Begehrens überrumpelt werden, lassen sie sich noch eine Bitte nach Unmöglichem entschlüpfen.

Dafür aber: mit welcher Inbrunst hängen sie an allem Erreichbaren, mit welcher Hartnäckigkeit klammern sie sich an alles, was möglich ist, wie stürmisch fordern sie, was ihnen nach ihrer Meinung nicht versagt werden darf. Und mit welch meisterlicher Lebenskunst wissen sie aus dem Geringsten dann ein großes herrliches Fest zu machen. Hier, im Wurstelprater, wandern zwischen den Schaubuden und den Wirtshäusern so viele arme Kinder allein oder mit ihren Eltern unter den Bäumen umher. Für sie sind die Wirtshäuser nicht da, mit ihrem Schmaus an Trank und Speise. »Das kost't zu viel!« Die Kinder wissen es ganz genau, auch wenn es ihnen nicht gesagt wird. Und für sie ist es auch nicht erlaubt, in das Innere der Schaubuden zu treten, um alle

Wunder, die es da zu sehen gibt, mit Augen
zu betrachten. Ihre Freude ist die Außenseite,
ist die Fassade, die, der Straße zugewendet,
nichts kostet. Der Anblick der Ausrufer, des pomp-
haften Aufputzes der Buden, der billigen Samt-
draperien mit Goldfransen, der gleißenden Spiegel.
Ihre Freude ist es, Musik zu hören, die über
Gartenzäune hinausklingt.
Zwischen Wirtshäusern und Buden aber, auf allen

Straßen, Alleen, Wegkreuzungen und Ecken bieten sich Genüsse des Daseins. Billige leicht erreichbare, einfache und erschwingliche, aber bei alledem unvergleichlich herrliche und begehrenswerte Genüsse. Da ist ein kleiner »fliegender« Greißlerladen mit fabelhaft schönen, vornehmen Bonbongläsern. Und für einen Kreuzer ist die freundliche, dicke Greißlerin jeden Augenblick bereit, den messingfunkelnden Deckel von solch einem Glas zu heben, die rote dicke Hand hinein zu versenken, und zwei, drei Bonbons aus dem Schacht dieses Reichtums emporzuholen. In offenen Schachteln hat sie Bäckereien liegen. Prächtig, was die für Formen haben. Kleine, flache Brezeln sind die einen, Ringe die andern. Aber auch Sterne, Kreuze, Buchstaben, Tiere gibt es. Und für einen Kreuzer erkauft man sich das Recht, zwei Stück dieser Bäckereien auszuwählen, mitzunehmen und aufzuessen. Man braucht nicht erwachsen sein, um dieses Geschäft abzuwickeln: man darf so klein sein, wie man will. Nur den Kreuzer muß man freilich haben. Dann tritt man heran, ist eine »Kundschaft«, wird bedient, legt sein Geld hin und geht. Was für ein Fest, und was für ein amusantes Spiel zugleich: Hingehen und »Kaufen« spielen. Mit wirklichem Geld, zu einem wirklichen Laden. Die Kinder lächeln alle, wenn sie solch einen vergnüglichen Handel abschließen. Vergnügt und entzückt lächeln sie, wenn sie das Geldstück hinreichen. Tauschen mit der dicken Greißlerin ein Lächeln des Einverständnisses. Denn auch die gute, dicke Frau kann sich des

Schmunzelns nicht erwehren, empfindet irgendwie, daß das ein Spiel ist, bei dem sie mittut,
und daß auch ein bißchen Dichtung, ein wenig
heitere Poesie mit dabei ist, wenn solch ein Kind
vor ihr steht, und die kleine Freude, die es sich
holt, mit Geld bezahlt.
Dann ist der »Würschtelmann« da, und es ist
für die Großen wie für die Kleinen so ungemein
praktisch, daß er da ist. Er stellt ja für sich

allein eine ganze Restauration vor. Küche, Wirt, Kellner, warmes Essen und frisches Brot, alles ist hier beisammen. Nur Tische und Teller gibt's nicht. Aber wer braucht denn Tisch oder Teller? Wenn es nur etwas zu Essen gibt. Denn man wird hungrig vom Gehen, Schauen und Hören im Wurstelprater. Es gibt alte Frauen, die frisches Wasser in Blechkrügen, ein wenig Himbeersaft in einem Fläschchen und in einem Korb ein wenig Obst feil haben. Die Lehrbuben und Schuljungen, die noch nicht so viel Geld bei sich führen, daß sie in einem Wirtsgarten ein Krügel Bier riskieren können, erfrischen sich hier. Es gibt alte Weiber, die ganz trübselig, ganz böse sind mit sich, wie mit der Welt zerfallen ausschauen. Sie sehen aus, als glaubten sie an keine Freude, an keine Jugend und überhaupt an nichts Gutes mehr. Es macht ordentlich traurig, sie anzuschauen. Aber man muß sie ja nicht anschauen. Man braucht nur die Kuchen anschauen, die sie in großen Umhängekörben zu verkaufen haben. Weiß der liebe Gott, wann und wo sie gebacken wurden. Der Himmel mag auch wissen, wie sie schmecken werden. Aber Kinder und arme Leute sind nicht wählerisch, sehen nicht den bleichen wässrigen Teig, sondern nur schöne, große, mit weißem Zucker bestreute, mit Marmelade gefüllte und bestrichene Kuchen. Und wenn man sie gegessen hat, ist man für ein paar Stunden satt. Es gibt aber kaum etwas Schöneres als satt sein!

Da sind freundliche alte Männer und freundliche alte Frauen, die wundersame Dinge zu verkaufen

haben. Für zehn Kreuzer goldene Ketten und Uhren, die aussehen, als ob sie wirklich wären, Spazierstöcke mit einem Pfeifchen am Griff, und blaue, rote, grüne, gelbe Luftballons. Unbegreiflich, daß man sich von solchen Dingen trennen kann, wenn man sie besitzt. Aber die Männer und Frauen sind ja schon alt, weshalb sie freilich nicht mehr selber mit goldenen Uhren, mit Spazierstaberln und Luftballons spielen mögen. Das sind nun

freilich die höchsten Möglichkeiten. Sie können nur erreicht werden, wenn Vater und Mutter in besonderer Geberlaune sind, oder wenn irgend ein Onkel, irgend eine Tante dabei ist und sich der inbrünstigen Wünsche erbarmt.

Das Beste aber ist der »Zuckerlmann«. An ihm kann man nicht vorübergehen, wie an einem der kleinen Läden. Er stellt sich einem in dem Weg, pflanzt sich vor Vater und Mutter wie der ver-

körperte Wunsch des Kindes auf: und wenn die
Eltern ihre Kleinen richtig verstehen, dann erlauben
sie es ihnen immer, mit dem Zuckerlmanne selbst
zu verhandeln. Denn nicht bloß das Zuckerlessen,
auch das Zuckerlkaufen ist ein Fest. Ich habe
einen Herrn gekannt, der sich alle Genüsse des
Daseins gönnen durfte und sie sich auch reichlich
gönnte. Der war nun ein wohlhabender Fabrikant
geworden, fuhr im eigenen Kutschierwagen aus,
ging ins Theater, machte Reisen, kurz er hatte
allerlei Vergnügen. Früher einmal aber, ganz
früher, war er ein armes Kind armer Leute
gewesen. Da gab es keine anderen Festlichkeiten
für ihn, als daß er manchmal an einem Sonntag
zwei Kreuzer geschenkt bekam, mit ihnen zum
Zuckerbäcker lief, und seine »Einkäufe« besorgte.
»Geben s' mir um zwei Greizer an' Durcheinand'«,
begehrte er, und erhielt gemischte Bonbons und
Überbleibsel von Backwerk. Aber alle Genüsse
des Daseins, die er nachher kennen lernte, haben
ihm nicht die tiefatmende Freude gegeben, die
er an solchen Sonntagen in seinem jungen
Herzen empfand. Diese Freude strahlte als
Erinnerung über viele Jahre hinweg in sein
Leben. Immer wieder erzählte er davon, und
wenn er das sagte: »geben s' mir um zwei
Greizer an' Durcheinand« kam ein Klang von
Kindlichkeit in seine Stimme, und sein Antlitz
war von einem reinen Abglanz der
Jugend überschimmert.

DIE DAMENKAPELLE

Trommelwirbel, Paukendonner, Schmettern von Tschinellen; wie in einem Riesenmörser werden da vom Getöse all der rumorenden Orchester die vielen, vielen Melodien zerstoßen, die Tag für Tag, Stunde für Stunde gleichzeitig im Wurstelprater aufklingen. Wer hier gehört werden, wer hier besucht werden will, muß Musik machen.

Wer aber hier umhergeht und hört, der trägt den ungeheuren Lärm wie das Brausen einer Brandung im Ohr. Tschindadara!

Was für eine Illusion geben weiße Mädchenkleider, was für eine Firmungs-Sanftheit, was für eine ehrbar poetische Fröhlichkeit verbreiten sie. Damenkapelle. Es ist eine besondere Stimmung in den Wirtsgärten, in denen eine Damenkapelle aufspielt. Irgendwie ist ein Jux dabei, wenn junge Mädchen in weißen Kleidern auf dem Podium sitzen und Musik machen, während man »nachtmahlt«, irgendwie ist es zugleich auch rührend. Und irgendwie ist es ein Kompromiß zwischen Pikanterie und unterhaltsamem Anstand, zwischen lebemännischer Freiheit und bürgerlicher Moral. Freilich, wenn man die Damen der Kapelle einzeln betrachtet, ist es doch mehr eine bürgerliche Angelegenheit, als etwas anderes. Der Kampf ums Dasein im weißen Konfirmandenkleid. Manche von diesen Mädchen sind längst verblüht, manche sehen unzufrieden und kummervoll aus, manche ermüdet und gelangweilt. Ernst und Nüchternheit haben alle in ihren Zügen. Sie arbeiten. Aber ihre Arbeit ist das Tschindadara!

Und wenn ihrer kleinen Schar eine Jubelmusik entströmt, dann fragen die Leute
wenig darnach, ob diese Mädchen
den Jubel in ihren Herzen oder
nur auf ihren Notenblättern
haben.

DER FALLOT

Eigentlich ist er ein Enttäuschter. Ein armer, verirrter Mensch. Vielleicht sogar ein Idealist. Jedenfalls einer, dem alle Illusionen kaput gehen. Sehr hohe Ideale hat er nun freilich nie gehabt, auch nur dumpfe und nicht eben deutliche Illusionen. Etwa das Ideal: jetzt will ich mich unterhalten! Und wenn er am Samstagabend, oder am Sonntagmorgen, die Müdigkeit der ganzen Woche in den Gliedern, durch den Wurstelprater marschiert, die Illusion: es wird schön sein!

Aber es wurde nicht schön, und die gehoffte Unterhaltung blieb aus. Wahrscheinlich hat er sich in seinem ganzen Leben nicht unterhalten. Es ist ihm jedesmal mißlungen. Er weiß gar nicht, wie man das anfängt. Unter den vielen glücklichen Menschen geht er umher, hat von dem allgemeinen Frohsinn, der hier die Luft durchzittert irgend ein ungeduldiges Erwarten und Verlangen in sich. Er möchte etwas tun, was fröhlich, vergnüglich, zerstreuend wäre, aber er hat nicht die Geschicklichkeit, nicht die Erziehung, nicht die Wissenschaft, wie derlei ins Werk zu setzen wäre. Es fällt ihm nichts anderes ein, als das Naheliegende, Primitive. Er trinkt. Sitzt irgendwo allein, weil er nicht sehr gesellig, ermüdet sogar, weil er schüchtern ist, und trinkt. Sein festliches Erwarten, seine Zuversicht, es werde jetzt etwas angenehmes geschehen, steigern sich. Seine Sorgen werden federleicht, fallen von ihm ab, verschwinden. Aber es geschieht nichts. Er sitzt und trinkt. Und dann drückt ihn der Rausch, drückt ihn die Einsamkeit nieder. Er kämpft dagegen, und trinkt. Jetzt aber stürzen seine Sorgen über ihn her, brechen wie Zentnergewichte auf ihn nieder, jetzt umzieht das Gefühl der Öde und Enttäuschung sein ganzes Wesen mit Erbitterung.

Und wenn er dann auf irgend einer Wachstube seine Besoffenheit ausgeschlafen hat, weiß er nur mehr noch, daß ihm sein Unternehmen, sich einen guten Tag zu bereiten, mißlungen, daß der Wochenlohn futsch und daß er nach dem Urteil seiner Mitmenschen ein Fallot ist.

Das nächstemal versucht er's aber doch wieder, und es geht immer wieder schief. Immer geht es schief. Er hat kein anderes Talent, als dazusitzen und zu trinken; in der Trunkenheit dann ein wenig zu krawallieren, damit die Menschheit doch auf irgend eine Weise von seiner Existenz Notiz nehme, und schließlich kein anderes Talent, als mit wankenden Knien in den Straßenschmutz zu fallen. Seine Erwartungen vom Leben, seine Versuche zur Freude, enden jedesmal im Straßenschmutz.

Da brütet er vor sich hin, dumpf, verbissen und verbittert. Um ihn her schwillt der Alkohol, dampft aus seinen Augen, aus seiner Stirn; hält ihn wie eine Glocke aus trübem Glas umschlossen, so daß er die Welt nur wie von Weitem und nur mißfarben erblickt. Er möchte den Glassturz, der über ihn gestülpt ist, durchstoßen. Und trinkt. Aber davon wird es nicht besser.

Dann beginnt eine feindselige Abkehr von der Welt in ihm Monologe zu halten. Erst still und leise gemurmelt: Ah was, dö soll'n mi gern' hab'n alle miteinander! Das ist seiner unwirschen Weisheit erster und letzter Schluß. Ah was, dö soll'n mi gern hab'n, alle miteinander! Höchstens, daß er eine Umstellung dieses Spruches eintreten läßt: Alle miteinander soll'n s' mi gern' hab'n! Späterhin beginnt er ruhig danach zu forschen, wer ihm etwas zu befehlen habe. Wer denn? murrt er vor sich hin. Wer hat mir 'was z'schaff'n? Möcht' wissen, wer? Und er gelangt zu dem Resultat, daß es niemanden gibt, der sich einer Gewalt über ihn rühmen dürfe. Mir hat niemand was z'schaff'n. Ka Mensch! Dös wär' no schöner! Woraus er dann pünktlich den Schluß zieht: Dö soll'n mi alle gern' hab'n.

Er lehnt sich plötzlich gegen irgend jemanden auf. Gegen seinen Werkführer, gegen seinen Brotgeber, gegen den Hausmeister bei sich daheim; und er setzt den Disput jetzt fort, wobei er freilich den Vorteil hat, daß sein Partner nicht dabei ist. »Den Kerl, den ölendigen dawisch' i no, der soll's probier'n und mir . . . . ja der soll's probier'n . . . den leih' i mir amal aus. Das Kreuz druck' i eahm ab, den Falloten, den verdächtigen.« Er erinnert sich, daß er als Lehrjunge einmal von einem Gesellen geschlagen worden ist. Und er sieht Bilder vor sich, wie er an seinem alten Feind furchtbare Rache nimmt: »A Watsch'n!« brüllt er auf, «A Watsch'n!« Er wird ganz fanatisch. Alles bäumt sich in ihm. Rechtsbewußtsein, Selbstgefühl, Zorn; und in seiner berauschten Phantasie philosophiert er zum so und so vielten Mal über seinen Gegner. Wenn er nicht gleich bei seinem ersten Aufschrei hinausgeworfen wird, dann verstummt er allmählig von selbst; sinkt mehr und mehr in sein stummes Brüten. Die Leute meiden den Tisch, an dem er sitzt, denn niemand trägt Verlangen nach seiner Geselligkeit. Dann endigt die Sache so, daß sein Kopf schwer und schlaf-

befangen auf die Tischkante niederfällt. Und
dann kommt ein Wachmann, um den Fallot
wegzuspedieren. Mehr hat ihm das Dasein nicht zu bieten. Rausch, Öde,
Einsamkeit, und tiefen, bewußt-
losen Schlaf. Eigentlich ist
er ein Enttäuschter.

KELLNER

Müd und hungrig kommt man in solch ein Prater-
wirtshaus. Man würde ja gar nicht hineingehen,
wenn man nicht müd und hungrig wäre. Man
will ein wenig unter Menschen sein, möchte
einmal im Freien essen. Man ist in der friedlich-
sten Stimmung, aber das hilft nichts: man muß
Krieg führen. Mit dem Praterkellner.

Der Krieg beginnt sofort, wenn wir uns in diesem menschengefüllten, von Musik, Geschrei, Tellerklappern und Gläserklirren durchtobten Garten uns niederlassen. Und der Krieg entsteht deshalb, weil du annimmst, du seist ein Gast, während der Praterkellner zu erkennen gibt, daß er dich für einen zudringlichen Kerl hält. Der Praterkellner leugnet zunächst deine Anwesenheit. Er weiß nichts von dir, er sieht dich nicht, er hört dich nicht. Das ist seine Technik, gegen dich zu kämpfen. Du schlägst mit dem Stock auf den Tisch, bimmelst mit dem Salzfaß gegen ein Bierseidel, zischst durch die Zähne, stößt gellende Schreie aus. Das ist wieder deine Kampfesweise. Es ist ein furchtbarer Krieg, der mit List, mit Grausamkeit, mit Erbitterung auf beiden Seiten geführt wird. Wenn aber der Kellner endlich kommt, wenn er dich endlich nach deinen Wünschen fragt, dann bist keineswegs du der Sieger. Im Gegenteil. Er hat dich mürbe gemacht. Und er nimmt gleich nachher die Feindseligkeiten von neuem auf. Er hat hundert Mittel, dich zu quälen, hundert sinnreiche Foltern, dich zu peinigen. Er verspricht dir, den Schweinsbraten, den du gewählt hast, sofort zu bringen. Darauf geht er fort und verbirgt sich irgendwo, so daß du ihn überhaupt nicht zu Gesicht kriegst. Inzwischen wiegt dich ein anderer, ein dritter, ein vierter in die Hoffnung ein: »Kummt schon!« — »Er bringt's gleich!« — »Den Augenblick!« — Knapp bevor du vor Wut in die Luft gehst, erscheint dein Gegner, bringt die Speisenkarte, und während er sie vor dir ausbreitet, mit einem

99

Bleistiftstümpfchen darin herumfährt, macht er dir die Mitteilung, daß es keinen Schweinsbraten mehr gibt. Nun mußt du im Zustand seelischer Zerstörtheit eine neue Wahl treffen; mußt die Martern des Hoffens und Harrens nochmals durchmachen, mußt die Zeremonie mit der Speisenkarte nochmals vor deinen enttäuschten Augen verrichten lassen. Und bis du in deinem Stolz als »Gast« erniedrigt, in deinem Wollen gebrochen,

vor Hunger und Zorn völlig entkräftet, dasißt,
reicht dir dein grausamer Feind einen Bissen
zum Essen. Aber noch ist deine Niederlage nicht
endgiltig besiegelt, sein Triumph nicht vollkommen.
Jeßt umdrängt er dich, seßt dich in Verzweiflung
durch Stoßangriffe überflüssiger Aufmerksamkeit;
jeßt zeigt er dir mit ausgewähltem Hohn, daß
er sich für dein leibliches Behagen aufgeopfert
hat. Er zwingt dich, die Untertänigkeitskomödie

zu dulden, ja er zwingt dich selbst, die Komödie
eines generösen Kavaliers zu spielen. Und in
dieser Rolle, die dir aufgenötigt wird, tust du, was
alle Besorgten tun müssen, du zahlst auch noch
eine Kriegsentschädigung. Praterkellner. Das ist
eben eine besondere Gattung. Sie sind irgendwie
dem »Pülcher« von der Burgmusik verwandt.
Sie sind urwüchsig, ungeschliffen, naiv. Voll-
kommene Naturkinder. Sie machen den Eindruck

von geborenen Müßiggängern, die gleichsam nur
aus Perversität arbeiten. Und sie arbeiten denn
auch mit einer Erbitterung, mit einem Tumult,
mit einer Losgelassenheit, wie jemand, der sich
in einem abnormalen Zustand befindet. Der Frack,
den sie tragen, hat nicht die erziehliche Macht,
ihre Wildheit zu bändigen oder auch nur zu
mildern. Sie geben sich unbedenklich ihren
Instinkten hin, und es gehört zu ihren Instinkten,
sich nicht die Hände zu waschen, sich nicht zu
schneuzen, den Schweiß ihres Antlißes auf das
Brot tropfen zu lassen, das du dir erwirbst und
heute einmal hier verzehren möchtest; die Hand
auf die Lehne des Stuhles zu legen, auf dem
du sißest, ihren Ärmel an dein Gesicht zu reiben,
wenn sie deinem Nachbar etwas reichen. Erst in
späten Jahren, wenn sie behäbig, ruhig und Zahl-
kellner geworden sind, nehmen sie sanftere
Manieren an. Dann haben sie den etwas stumpfen
Kennerblick großer Routiniers, den Blick und
die Miene von Männern, die nun auch das
menschliche Wesen gründlich erforscht zu
haben glauben, weil so unendlich viel
menschliche Gefräßigkeit, so unendlich viel menschliche Besoffenheit in all den Jahren an
ihnen vorüberzog.

RENDEZVOUS

O grünes Revier der Liebe . . . einer ist hier des anderen Jäger, einer des anderen Wild. Nirgendwo findet man sich so leicht, als hier in diesem Gewühl und Gedränge. Nirgendwo kann man jemand so leicht und so bequem verlieren. Alle sind hier auf der Suche, und keiner sucht vergebens. Kein Mädchen, dem sich hier nicht

irgend ein Mann gesellen würde, kein Mann,
dem es nicht gelänge, hier irgend ein Mädchen
zu erobern. Ein junges oder ein weniger junges,
ein hübsches oder ein weniger hübsches, ein un-
schuldiges oder eines, das schon Erfahrungen hat.
Und wie gelehrig sind sie alle, wie lernen sie
alle, eins vom andern. Frauen von den Männern,
Männer von den Frauen. Der junge Leutnant,
der hier zum Rendezvous kommt, versteht seine

Sache schon vortrefflich. Hier, im Wurstelprater,
ist er der höchste soziale Rang, hier ist er unbe-
streitbar der Vornehmste. Hier übt er eine Herab-
lassung. Die Nähmamsell, die er hier trifft, wird
halb schon durch seine nobeln Manieren, durch
seine Galanterie erobert. Er küßt ihr die Hand
wie einer großen Dame. Seiner Frau Generalin
könnte er nicht respektvoller die Hand küssen.
Und er darf sicher sein: das wirkt.

Der junge Dragoner hier ist nicht so routiniert in Liebesaffairen, ist auch auf dem Exerzierplatz der Galanterie noch ein Rekrut. Aber er hat eine Gefährtin, die schon einige Kenntnisse zu besitzen scheint. Sie wird ihn in die Schule nehmen. Wie sie neben ihm einhergeht, in seinem Arm hängt, merkt man, daß sie von seiner Frische entzückt ist; merkt auch, daß in diesem Liebeshandel alle Führerschaft, alle Initiative und alle

Überlegenheit bei ihr sein wird, so lang es eben dauert.

Dauerhaft sind diese Bündnisse nicht, aber das ist auch wahrscheinlich ihr Reiz. Dieser stattlichen Dame dort, die prüfend vor einem Kreis junger Soldaten steht, ist es vielleicht nur um die Unterhaltung eines Abends zu tun. Wir können ihr Gesicht nicht sehen, aber man vermag sichs vorzustellen, wie sie aussieht. Sie ist nicht mehr

in der ersten Blüte, dafür aber hat ihr Antlitz
wohl den Ausdruck aufmunternder Bereitwilligkeit.
Dazu noch eine Kennermiene.
Dort wieder ein Pärchen auf einer Bank. Gibt
es eine gefährlichere Kupplerin, als solch eine
Bank in einem öffentlichen Park, und gar erst
in einer Praterallee? Man braucht sich noch
garnicht zu kennen, man braucht nur zufällig
nebeneinander auf einer Bank zu sitzen. Und

noch ehe man ein Wort miteinander gesprochen hat, ist man doch schon durch das Zusammensitzen vertraut und verbunden. Dies Pärchen sitzt erst eine Viertelstunde hier. Und in der nächsten Viertelstunde ist es wahrscheinlich schon fort, irgendwohin in die Wiesen gegangen. Aber glauben wir nicht alle, daß wir dies Pärchen schon viele Jahre kennen, ihm in vielen Jahren schon ungezählte Male zugeschaut haben?
Es ist eine Gruppe von solch typischer Kraft, daß wir sie in der ersten Sekunde verstehen, und nichts weiter zu sagen brauchen.
Gehen wir vorüber!

JUNGE LIEBE

Ja, auch diese kleine Gesellschaft gehört hierher.
Kinder . . und es wird strenge Leute geben,
die bei ihrem Anblick bedenklich den Kopf
schütteln: es gibt keine Kinder mehr! Dennoch,
es sind Kinder, wahrscheinlich ganz unschuldige
Kinder, die nicht wissen, daß ihr Augenspiel
Koketterie genannt wird, daß ihr Lachen, Winken,

Plaudern, ihre kleinen, zierlichen und gezierten
Verstellungskünste schon das Vorspiel der Liebes-
komödie ist, der sie entgegenreifen.
Kleine Mädchen, die spazieren gehen. Hinter
ihnen Gymnasiasten in den Flegeljahren. Ver-
wogen und schüchtern, tapfer und verzagt, und
hartnäckig in jener Übung, der man jeden Moment einen Schein von Unabsichtlichkeit geben
kann: im Nachsteigen. So zwei kleine halb-

wüchsige junge Dinger schleifen ihre jungen, halbwüchsigen Bewunderer stundenlang durch den Prater hinter sich her. Das nennen sie dann: spazieren gehen. Und so zwei schüchterne, ent-schlossene Gymnasiasten rennen wie gebannt hinter den kleinen Mädeln her, stundenlang, un-ermüdlich. Sie brauchen nichts miteinander zu sprechen. Und sie verstehen sich doch. Frühlings-erwachen . . .

Hier feiern junge Schönheiten ihre ersten Erfolge. Angehende Koketten erleben ihre ersten Triumphe. Künftige Flatterherzen begehen hier ihre erste Untreue. Heranreifende Don Juans üben sich hier in frühen Verführungskünsten. Hier gibt es List und Vertrauen, Falschheit und Hingabe, ganz wie bei den Großen. Hier gibt es Schmerzen, Enttäuschungen und in all der kindlichen Uncrfahrenheit, bittere Erfahrungen. Zwölfjährige Mädchen seufzen: »Ich werde keinem Mann mehr etwas glauben!« Vierzehnjährige Buben rufen ironisch: »Hör' mir mit den Weibern auf!« Wenn sie dann abends müde, den Kinderschlaf in den Augen, zu Hause sitzen, ist alles vergessen. Und wenn die Eltern sie fragen: »Wo warst du?« antworten sie unschuldig und einfach: »Spazieren . . .«

DER WURSTEL

»Kling, kling, kling!« Kasperl erscheint, er schwingt eine Glocke, die so groß ist, wie er selber. Die Kinder bleiben stehen und lachen. Da ist gleich Beginn der Vorstellung und das Stück wird aufgeführt, das so alt ist, wie das Volkslied. Kasperl läutet, fährt hurtig auf der Bühne umher, schüttelt den Kopf, verneigt sich, klatscht in die Hände.

Sogleich kommt seine Frau, Kasperl umarmt sie,
sie küssen sich und pressen Brust an Brust, so
fest, daß sie hin und her wackeln. Kasperl hat
etwas gefunden. Er schleppt einen kleinen Am-
boß herauf und einen Hammer. Damit schlägt er
los. Das gefällt seiner Frau. Sie holt sich auch
einen Hammer, schlägt auch zu. Nun klopfen
die beiden wie besessen, aber Frau Kasperl
war ungeschickt, Herr Kasperl auch — plumps

trifft er sie auf den Kopf, da liegt sie nun und ist mausetot. Kasperl schüttelt sie, horcht zu ihrer Brust, dann weint er — sie ist ganz tot. Rasch eilt er fort und kommt mit einem ernsten Mann zurück, der einen Zweispitz auf dem Kopf trägt. Das ist der Totenbeschauer. Der schnüffelt an der Leiche herum. Dann wendet er sich zornig zu Kasperl und stellt ihn zur Rede. Kasperl leugnet. Er will zeigen, wie das

Malheur geschehen ist, ergreift den Hammer
und erschlägt den Totenbeschauer. Jetzt ist
Kasperl zum Verbrecher geworden. Er holt eine
Kiste und schmeißt die beiden Toten hinein. Nun
tritt der Jud' auf, Kasperl will ihm die Kiste verkaufen, aber der Jud' feilscht, da wird Kasperl
böse, und weil er jetzt schon ein Wüterich ist,
bringt er den Juden auch um. Das tragische Ge-
schick vollzieht sich. Kasperl hat drei Mordtaten

auf dem Gewissen, nun kommt der Teufel mit
roter langer Zunge und schwarzen Hörnern.
Kasperl bittet, fleht, wehrt sich, schon hat ihn
der Luzifer beim Krawattel, da erscheint ein
Engel und rettet ihn. Kasperl springt und tanzt.
Auf einmal kommt Frau Kasperl — sie ist wieder
lebendig geworden, und nun ist die Freude groß.
Die beiden holen ein Haserl, weil sie so gut
aufgelegt sind, ein wirkliches lebendiges Haserl,

und streicheln es und setzen es auf eine
»Hutschen«, und das Haserl legt die Ohren zurück und läßt sich schaukeln.
Dem Haserl geht es ganz gut, so lange es beim
Theater ist. Alle lieben es, alle applaudieren,
wenn es auftritt, und es hat Erfolg über Erfolg.
Aber, sowie es größer wird, darf es nicht mehr
auftreten, und muß wieder zurück zum Tierhändler,
zu den anderen Hasen im Käfig, wo es sich

doch nicht glücklich fühlen kann, wenn es an seine Bühnenlaufbahn denkt.

Da drunten aber sitzt ein liebes Publikum. Ein unvergleichliches, gutes, aufmerksames, dankbares und entzücktes Publikum. Wie das zuhört, wie das erschrickt, wie das sich freut, wie das aufjubelt. In keinem andern Theater findet ihr solch ein Horchen und hingegebenes Lauschen auf allen Mienen, solch ein Bewundern, solch ein

Staunen in all den Augen; solch eine unermüd-
Lust am Schauen und Spielen. Wer würde sich
nicht auch solch ein Publikum wünschen? Da
möchten sich die größten Schauspieler und die
größten Dichter drum reißen. Aber nur der
Kasperl hat dieses Publikum. Sonst Niemand.
Freilich sorgt er dafür, daß alle Stücke, die er
gibt, ein gutes Ende nehmen. Denn das muß unbedingt sein. Er brächte es auch nicht über
sich, ein schreckliches Mord- und Spek-
takelstück einmal schlecht endigen
zu lassen. Nein. Das darf er
seinem Publikum wirklich
nicht antun.

AUSGANG

Nun wandern alle durch die dunklen Alleen zurück zur Stadt, innig verbunden, die der Wein,
die Liebe und die laue Frühlingsnacht zuein-
ander gesellte. Trunkenes Lachen und Schreien,
da und dort ein gebrüllter Gassenhauer — dann
wird es immer stiller, daß man die Schritte auf
dem Sande hört, wenn einer von weitem kommt.
In den Gasthäusern verlöschen die Lichter, die
Buden sind finster. Astarte, das Wunder der
Luft, eilt zu ihrem Liebsten, und Daphne schleicht
müde nach Hause den weiten Weg in die Vorstadt. Die Zwerge haben sich niedergelegt und
die Wahrsagerin auch. Der Taucher sitzt einsam
in einer entlegenen Schenke und trinkt, bis er
das Meer rauschen hört, und der Athlet spielt
noch Karten mit dem Schlangenmenschen.
Aus den fernen Gründen der Auen schleichen
die Strizzi herauf und die Strotter durch die
Nacht und lockern das Messer im Gürtel; auf
entlegenen Posten streifen dort in den Büschen
die Polizeimänner, die Hand am Revolver und
spähen kampfbereit in das Dunkel. Tiefe
Stille auf allen Wegen und in den Wipfeln
der Bäume — DER GROSSE
WURSTEL IST ZUR RUHE
GEGANGEN.

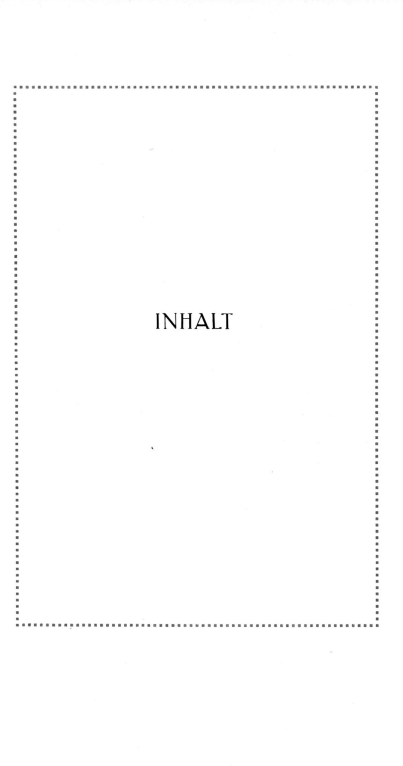

INHALT

1. Auflage

Copyright © 1973 by Verlag Fritz Molden, Wien-München-Zürich
Alle Rechte vorbehalten
Photomechanische Wiedergabe nach der im Verlag Brüder
Rosenbaum, Wien-Leipzig, im Jahre 1911 erschienenen Ausgabe
durch C. Angerer & Göschl, Wien
Einband: Hans Schaumberger, Wien
Druck: Carl Ueberreuter, Wien
Bindearbeit: Adele Popek, Wien

ISBN: 3-217-00487-6